U0658584

石黑一雄访谈录

Conversations *with* Kazuo Ishiguro

〔美〕布莱恩·谢弗
〔美〕辛西娅·黄 编

胡玥 译

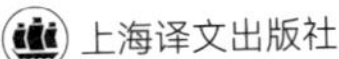

上海译文出版社

Brian W. Shaffer, Cynthia F. Wong
Conversations with Kazuo Ishiguro

图字：09－2019－297 号

图书在版编目(CIP)数据

石黑一雄访谈录/(美)布莱恩·谢弗(Brian W. Shaffer),(美)辛西娅·黄(Cynthia F. Wong)编；胡玥译. —上海：上海译文出版社,2021. 10
(文学访谈系列)
书名原文:Conversations with Kazuo Ishiguro
ISBN 978－7－5327－8837－8

Ⅰ. ①石… Ⅱ. ①布…②辛…③胡… Ⅲ. ①石黑一雄一访问记 Ⅳ. ①K835. 615. 6

中国版本图书馆 CIP 数据核字(2021)第 184007 号

石黑一雄访谈录
[美]布莱恩·谢弗 辛西娅·黄 编 胡 玥 译
责任编辑/吴洁静 装帧设计/张擎天

上海译文出版社有限公司出版、发行
网址：www. yiwen. com. cn
201101 上海市闵行区号景路 159 弄 B 座
上海文艺大一印刷有限公司印刷

开本 890×1240 1/32 印张 7.5 插页 5 字数 160,000
2022 年 1 月第 1 版 2022 年 1 月第 1 次印刷
印数：00,001—10,000 册

ISBN 978－7－5327－8837－8/I·5459
定价：58. 00 元

目　录

引　言

早年的写作生涯里，石黑一雄被采访者反复问到的就是他的日本“名字和面孔”与作品的主题和关注点之间的联系。最早的两部小说以日本为背景，这是否源自他对遥远故乡的回忆？像他这样一位同时有着英日文化传承的小说家，为何笔下的管家甚至比英国人能想到的更有“英伦风情”？面对这些想要在他的身份、国籍和作品间挖出联系的问题，不管问法怎么变，石黑一雄的回答，用艾伦·沃达的话来说，都带着他“特有的有所收敛的嘲讽”之意。

不，石黑一雄告诉采访者，他既不说日语，也不用日语写作，更无需把他看成耕耘于任何日本文学或文化传统的人。事实上，1991 年[①] 的那次日本之行，有人建议他只说英语，以免他因为对日本语言和文化的无知而言语唐突。他接着解释道，虽然父母给了他日语课本和故乡之物，但是等到了十几岁，他就已经明白自己将永远留在英国，日本于他而言，永远只是一片想象的故土而非亲身体验过的地方。“我才明白这个在我头脑中的日本，这个对我十分重要的国家，就算曾经存在过，如今也在现实中成了泡影。”他对采访者如是说道。

不！我们从这些访谈中得知，石黑一雄并没有打算当一名小说家，更没想过要围绕人的回忆、痛苦和忍耐精心打造小说引来全世界的读者欲罢不能。我们了解到，起初他立志做一名摇滚歌星——他写过歌，还在巴黎地铁站里用吉他演奏过一些曲子——去东英吉利大学攻读创意写作硕士课程前，他是一名社工，和无家可归者打交道；他之所以选择创意写作是因为这听起来比文学专业更容易完成。“这看起来花的精力要少”，他这么告诉迪伦·奥特·克里德，因为“上完一年后你要交的是一部小说而不是一篇学术论文”。他回忆起自己“带着些许恐慌”在那些课上创作、绞尽脑汁修改短篇故事的经历，害怕被同学们看出自己是个写作外行。他告诉我们，这些课上写的大部分草稿最终成了他出版的第一部小说《远山淡影》中的内容，他还想起了自己开始用年长的日本寡妇的口吻改写小说叙事的关键时刻，这成了他文学萌芽阶段的重要转折点。他认为早年是安吉拉·卡特和马尔科姆·布雷德伯里给他带来了灵感。

在最近几年的访谈中，石黑一雄经常谈到小说出版后的推介要求。图书推介的行程遍布英语国家，他需要参加数以百计的读书活动和访谈，每次要浪费好几个月。有些采访者总要迫使石黑一雄承认他的人生经历与笔下压抑的人物有相似之处。作者当然和他笔下的主人公一样有所隐瞒。毫无疑问，他至少与《长日将尽》中的史蒂文斯有几分相像，时不时对某种敏感问题王顾左右而言他，或者像《无可慰藉》中的瑞德先生，通过有意为之的隔绝和别有用心的欺骗经营自己的名声（多年的图书推介和读书活动自然使得石黑一雄想象得出瑞德的性格）。正如他对克里斯托弗·毕格斯比所解释的那样，作者与笔下人物和主题的关系随着时间而变：“我确实觉得我本质上属于那种会写很多有关同辈人和自己生活圈子的作家，即七八十年代的西方，而不是那种会试图重塑历史时期的人……我感兴趣的历史阶段是有更多的社会价值观发生突变的时代，因为这样一来，很多我觉得有意思的东西就会在这样的环境下跳脱出来。我关注的是意欲在人生中行善且有所作为的人是如何突然发现自己原来错付了青春。”虽然石黑一雄没有明说这些关注是否有独特的自传意味，但是他把自己创作的本质讲得一清二楚。“我认为，我写作是出于对可能发生的事情而不是对已然发生的事情所抱有的恐惧”，“在我看来，我所属的这一

---

① 此处英语原文为1991年，但从后文判断，石黑一雄出访日本的年份实际应为1989年。本书由于各篇采访者各异，会多次出现同一事件前后年份不一致的情况。为保留原文原貌，译者不予改动，请读者在阅读过程中自行判断。——译注

代人非常注重在人生中有所作为,行为正派”。

在“生活效仿艺术”的轻松一刻,皮特·奥利瓦利用和石黑一雄同乘电梯的十五分钟,在作者诸多紧要安排之余,抢得了他对写作手法的真知灼见,这一情景与《无可慰藉》如出一辙。石黑一雄注意到了这个相似之处:“(《无可慰藉》)应该是对我们大多数人的生活方式的隐喻,我们一路跌跌撞撞,假装知道自己去向何处,实际上却一无所知。”和瑞德一样,石黑一雄实际上也为虚名所累,但在这些访谈中他却无一不是妙语连珠、风趣幽默。尽管他在媒体上备受关注,但石黑一雄一直都是个头脑缜密、耐心细致、彬彬有礼的采访对象。

如果你对作者的写作手法和创作根源饶有兴趣,那么石黑一雄在这本书中将他的创作过程阐释得一清二楚。他直言对安东·契诃夫的崇拜,其简洁而精确的文风是他写作的灵感。他也谈到对费奥多尔·陀思妥耶夫斯基的景仰,他杂乱无章却精心谋划的创作——做到“杂乱无章、粗糙无序,却又因为不完美而精彩纷呈”——促使石黑一雄进行了更为大胆的文学尝试。石黑一雄说,他真正的小说创作只占到相对来说很短的时间,虽然他每隔五年左右才出版一本小说。剩下的大部分时间他用在了调研、筹划叙事和用不同的风格演绎这些虚构人物上。石黑一雄喜欢在真正动笔前确切掌握小说的走向:从这层意义上来说他是一个深思熟虑——甚至是吹毛求疵——的匠人。正如他和格雷厄姆·斯威夫特所言:“从那个意义上来说,我是个非常谨慎的作家。往打字机里塞一张白纸,等着头脑风暴后看会写出来什么,这我可做不到。我必须手上有一份清晰的规划才行。”

采访中石黑一雄坦承,小说的创作过程鲜有珍贵的快乐时光(比如,他不记得在写第二部小说时有任何一天让他心情舒畅),他还告诉一位采访者:“很明显有些时候会有某种满足感向你袭来,但我确实不记得自己会在创作过程中的任何时刻感到身心愉悦。那个过程总是有点劳心费神的。”石黑一雄并非在暗示对终稿不满意。最早的三部小说中,他认为自己“差不多算是三次涉足同一领域”,石黑一雄设计的老年角色都是回首人生，内心交织着强烈的悔恨、怀恋和勇气。作为一个二十来岁的年轻作家，这样的角色可能超出了他的体验范围，但是他却用令人信服的感人口吻讲出了他们的故事。石黑一雄让这些早年小说里的主人公用第一人称说出许多言外之意，这表明作者有着与生俱来的文学天赋和共情能力。

石黑一雄赢得了许多知名小说家的盛赞；称他为“作家中的作家”一点不为过。被石黑一雄视作为移民英裔作家打开英国小说之门的萨尔曼·鲁西迪就称赞石黑一雄以新颖的方式处理传统的文学主题；玛格丽特·阿特伍德认为《莫失莫忘》展现了石黑一雄对于令人不安的主题缜密而细腻的刻画；安妮塔·布鲁克纳、皮克·艾耶，还有格雷厄姆·斯威夫特都对石黑一雄大唱赞歌。石黑一雄对于同时代的小说家们同样不吝赞美之词。当一位采访者将他和鲁西迪、毛翔青、朱利安·巴恩斯和伊恩·麦克尤恩这样的人归为一类时，他表达了惊讶和谦卑之情，即使他和大多数后浪漫主义文学家一样，不喜欢被划入任何特定的艺术家群体之中。

访谈还展现了石黑一雄与不同阅读群体之间各式各样的关系，这其中既有小说的普通读者，也有主流报刊的文学评论家，还有学院派批评家。我们了解到，他十分关注人们对其作品的评论，这些意见使他真正明白自己在写作中达到了什么样的目的，自己有意而为的努力是否有效。例如，从评论中他意识到自己的创作做到了让叙事者有着简朴而内敛的风格，虽然这点他压根没有刻意为之。试图揣测形形色色的读者群使他能够避开过于有地方特色或者随心所欲的主题和关注。比方说，如果他的小说译文中出现了英文特有的短语或者英国人独有的性格怪癖，他会想象挪威读者看到之后的反应。石黑一雄认为，意识到文化差异和文化期待的存在让他能更缜密地评判自己的作品，也使他最终的作品日臻完善。

石黑一雄在访谈中并未因为他最具实验性的作品——第四部小说《无可慰藉》——受到褒贬不一的评论而流露失望之情，这部小说带有卡夫卡式的幻境，而没有前三部小说中相对现实主义的场景。结果石黑一雄的许多崇拜者都期望他能重复他已经在职业生涯中抛弃的亨利·詹姆斯风格的精雕细琢之作。但在那个时候，这是石黑一雄希望避开的写作风格。他告诉玛雅·雅吉，随着年纪渐长，他希望“自己写的东西能够反映我开始感受到的不确定和混乱”。然而，一些读者却坚持认为《无可慰藉》的荒诞不经在第五部小说《我辈孤雏》中通过“回归”更表面的现实主义场景得到“补救”，这部小说的主人公同样是一位迷惘而惹人同情的角色。克里斯托弗·班克斯穷尽毕生精力寻找失踪的父母，并期望与他们团圆。根据这一理论，人们不禁要想：有了非常现实主义的——甚至也许是超现实主义或者高度现实主义风格的——然而也是以未来为背景的第六部小说《莫失莫忘》，石黑一雄的叙事艺术究竟是怎样一条轨迹？这部小说讲的是人类为了延长自己作为原型的生命，克隆孩子并供养成为器官捐献者的故事。

石黑一雄的小说很难简单分类。尽管这些小说彼此有明显的相似之处——尤其是前三部小说构成了三部曲，都是年纪渐长的主人公反思令人失望的过去和梦想破灭的当下——每一部小说又各有千秋，富有创意。串联起所有作品的是作者通过挖掘或真实或虚构的历史危机——《远山淡影》中原子弹爆炸后的长崎，《我辈孤雏》中饱受战争蹂躏、深陷困境的三十年代旧上海，《莫失莫忘》中基因工程背景下当代英国的平行宇宙——来深入探究笔下主人公痛苦不堪的内心世界的点点滴滴。尽管比起历史问题，石黑一雄的小说更明显关注的可能是情感与心理问题，但是他将所有的小说都置于——用玛格丽特·阿特伍德的话来说——“晦涩阴暗的历史背景”中绝非偶然。

本书收录的访谈记录了石黑一雄自我认知的演变和他的艺术与思想关切。我们旨在收集风格迥异的各类采访：作家与来自纸质新闻媒体、广播和学术机构的全球各地采访者进行了或是轻松的交谈，或是深入系统的哲学对话。有些采访短小精悍、泛泛而谈，有些则篇幅较长，目的在于详尽讨论某个特定的主题。因为每次图书推介，石黑一雄不可避免地会在大多数访谈中有所重复，所以我们挑选了最能简要体现其艺术敏锐性变迁的访谈。书中的每一个采访均充分展现了作者跨度长达四分之一世纪的写作生涯中的重要方面。

在保证与“文学访谈”系列的体例一致的同时，该卷本的访谈都按照初版的样式重印，并按照初次访谈的时间顺序排列。我们略去了访谈原稿中有关生平的介绍性文字，因为这些内容不难在其他地方找到，而且在《生平大事记》中也有所赘述。我们要感谢石黑一雄先生十几年来(仍在继续)的珍贵友谊和为我们提供的宝贵灵感；我们要感谢密西西比大学出版社的西尔萨·斯瑞妮薇珊、瓦尔特·毕金斯和沙恩·龚为本卷提供的指导；我们要感谢维乐瑞·琼斯为本书制作的索引。

布莱恩·谢弗想要感谢罗德学院英语系的全体成员，尤其要感谢詹妮弗·布莱迪的鼓励和支持，感谢瑞秋、汉娜和露丝让一切成为可能并有了意义。对于查尔斯·R.格拉夫教授的慷慨解囊在此深表谢意，同时希望将此书献给已故的同事兼好友辛西娅·马歇尔。

辛西娅·黄希望感谢丹佛科罗拉多大学英语系和健康科学研究中心，它们赞助了与石黑一雄在英国的两次会面，同时希望感谢格蕾丝·A.克朗米特长期以来给予的灵感。

布莱恩·谢弗

辛西娅·黄

生平大事记①

1954年	11月8日出生于日本长崎。石黑镇男和石黑静子之子。
1960年	石黑一雄全家搬到萨里郡的吉尔福德；海洋学家石黑镇男接受了英国政府的工作。
1960—1966年	就读于吉尔福德的斯托顿小学。
1966—1973年	就读于沃金镇文法学校。
1973—1974年	完成学业；在巴尔莫勒尔城堡为王太后驱赶松鸡供贵族打猎；在北美搭便车旅行。
1974—1978年	就读于坎特伯雷的肯特大学，获得英文和哲学的文学学士学位。
1975—1976年	中断学业；开始小说创作；在格拉斯哥地区的居民区从事社区工作。
1979年	在伦敦的一家安置中心工作，帮助无家可归者。遇见未来的妻子洛娜·安妮·麦克道格尔。
1979—1980年	就读于东英吉利大学，攻读创意写作课程，在安吉拉·卡特和马尔科姆·布雷德伯里的指导下完成硕士学业。
1980—1981年	发表第一个短篇故事，搬到威尔士的卡尔迪夫。受出版商委托撰写小说。三个短篇故事入选《费伯文集》之《导言7：新晋作家故事集》。1981年夏天与洛

	娜搬到伦敦。
1981—1982 年	在伦敦工作，帮助无家可归者。
1982 年	《远山淡影》出版（获得英国皇家学会颁发的温尼弗雷德·霍尔比奖）。入选英国最佳青年小说家二十强全国推广活动，转向全职写作。成为英国公民。
1984 年	电视剧 4 频道播出《亚瑟·J. 梅森小传》（担任编剧）。
1986 年	《浮世画家》出版（获得惠特布莱德年度最佳小说奖，入围布克奖短名单）。与洛娜·安妮·麦克道格尔结婚。电视剧 4 频道播出《美食家》（担任编剧）。在东亚地区旅行。
1989 年	《长日将尽》出版（折桂布克奖）。近三十年内首次访问日本。
1990 年	被授予坎特伯雷肯特大学荣誉博士学位。
1992 年	女儿直美出生。
1993 年	电影《长日将尽》（莫谦特-伊沃里电影公司出品）摘得八项奥斯卡奖提名。
1994 年	担任戛纳电影节评委。
1995 年	《无可慰藉》出版（获得切尔特纳姆文学艺术奖）。被授予东英吉利大学荣誉博士学位。获得意大利斯坎诺文学奖。获得文学领域的大英帝国勋章。
1998 年	获得法国文学艺术骑士勋章。获得意大利曼托瓦奖。
2000 年	《我辈孤雏》出版（入围布克奖短名单）。
2003 年	《世界上最悲伤的音乐》（担任电影原创剧本编剧）。被授予圣安德鲁斯大学荣誉博士学位。

① 截至该访谈录出版之年 2008 年。——译注

2005 年	《莫失莫忘》出版（荣获意大利雪兰诺奖和德国科琳国际图书奖；入围布克奖短名单）。《伯爵夫人》（担任电影原创剧本编剧），莫谦特-伊沃里电影公司出品。

石黑一雄访谈

◎ 格列格里·梅森/1986 年

原载于《当代文学》,第 30 卷,第 3 期(1989 年秋季刊)。威斯康星大学出版社授权转载。

1987 年 1 月,石黑一雄确立了在英国青年小说家中的领军地位。凭借第二部小说《浮世画家》,他摘得英国现金奖励最高的文学奖项——惠特布莱德年度最佳小说奖。石黑一雄 1954 年出生于长崎,五岁离开日本,至今再未返回故国。在很多方面,他已经成为彻头彻尾的英国人,但是身为作家,他还是大量取材于童年时代早期对日本的记忆和他的家庭教育,并从五十年代优秀的日本影片中借鉴良多。

在发表一些短篇故事后,很快石黑便在 1982 年以小说处女作《远山淡影》声名鹊起。《远山淡影》获得英国皇家学会颁发的温尼弗雷德·霍尔比奖,并被翻译成了十一种语言。石黑一雄以细腻的笔触描写了第一人称叙述者——中年日本女性悦子。她在二战结束后背井离乡移居英国三十来年。受到不久前长女自杀的重创,悦子讲述了她的亲身经历和一位神秘朋友的故事,这位朋友是悦子战后离开长崎前结识的。悦子诡秘的回忆充满了跳跃和内在的前后矛盾,扑朔迷离,引人入胜,慢慢引出的真相令人不安却又欲罢不能,而这一真相与叙事者的视角巧妙地融为一体。

石黑的第二部小说《浮世画家》以四十年代晚期日本为背景。主人公小野是位上了年纪的画家,在日记的撰写过程中慢慢领悟到早年的虔诚信仰使自己深陷日本近代史中无法自拔的荒谬之处。结尾淡淡的讽刺既羞辱了小野，又使其不失尊严，他代表的是一类滑稽的世人形象，怅然囿于自我的眼界。再一次，第一人称视角帮助石黑巧妙化解了线性情节的束缚。作者又一次展现出过人的风格掌控能力，使一部纯正英国基调的作品中流露出神秘的东瀛味道。

本次访谈于1986年12月8日在石黑先生位于伦敦南部的家中进行。整个访谈中，石黑对自我进行了最敏锐的诠释和最严苛的评判。他对小说的创作技巧精益求精，对自己的创作目的和手法有着清醒的认识，这使得本次访谈成为了解和解读其作品的宝贵资料。

格列格里·梅森：1960年你们全家从日本移居英国，这对你的家庭教育和学校教育有什么样的影响？

石黑一雄：我的父母在行为处事方面仍然相当日本化。由家人抚养长大意味着你会以家族的方式行事。我仍然和父母用日语交流，只要一踏入家门，我就会立刻切换成日语。不过我的日语不太好，和五岁小孩的水平差不多，夹杂着英语单词，词语的形式总是错误百出。除此之外，我接受的是典型的英式教育。我在英格兰南部长大，就读于典型的英国学校。在肯特大学，我学习哲学和英语；在东英吉利大学，我读了创意写作的硕士课程。

梅森：你是否觉得自己遵从某种特定的创作传统？

石黑：我认为很大程度上我遵从的是西方传统。每次看到有评论家对于我的日本身份大作文章，试图提到两三个他们偶有耳闻的日本作家，并把我和三岛由纪夫之类的日本作家相提并论时，我就觉得很好笑。这样的做法似乎很不妥当。我从小阅读的都是西方小说，如陀思妥耶夫斯基、契诃夫、夏洛蒂·勃朗特和狄更斯的作品。

梅森：你是否也受到日本传统的影响呢？

石黑：谷崎润一郎、川端康成、井伏鳟二，也许还有点来自夏目漱石的影响。但是我可能受日本电影的影响更大。我看了很多日本影片，日本的视觉影像深深触动了我，尤其在诸如导演小津安二郎和成濑巳喜男拍摄的日本影片中。它们以战后时代为背景，而这正是我记忆中的日本。

梅森：你的第一部小说《远山淡影》同样讲述了日本回忆，但这些回忆是被压抑的，留白处必须要由读者自己去填补。

石黑：是的。在那本书中，我尝试了相当怪异的叙述方式，主要手法就是留出一大片空白。故事讲述的是日本妇女悦子，人到中年背井离乡来到英国，生活中曾经历巨大的痛楚。这种痛楚与她移居西方有关，也和移民经历对她女儿的影响有关，她的女儿后来选择自杀。悦子转弯抹角地说了一通，但将其留作空白，转而讲述了另一个完全不同的故事，她回忆起了过去，谈起了多年前她曾经认识的一个人。所以，这本书整体的叙事手法就是人们最终如何通过别人的故事来叙述自己无法直面的遭遇。我尝试深入探讨那种语言，即人们如何利用语言自我欺骗和自我防御。

梅森：这部小说有些地方有点像亨利·詹姆斯的《螺丝在拧紧》，充满了未解谜团。比如，在犹疑桥上关键性的一幕，悦子和她的朋友佐知子的女儿万里子正在交谈，毫无征兆地，悦子和孩子的说话方式变得似乎她就是孩子的母亲，在很大程度上，那会使读者怀疑这两个女人是否就是同一个人。

石黑：我想要表达的是：因为实际上悦子讲述的正是自己的故事，其他人，比如佐知子，有可能存在，也有可能是子虚乌有，所以悦子赋予佐知子生活的意义显而易见与她（悦子）自己的生活密切相关。不管佐知子和她女儿万里子的故事真相究竟如何，现在这些事之所以引起了悦子的兴趣，是因为她可以借此来谈及自己。所以你会看到他人的故事里有着悦子的影子。在最高潮处，我想暗示的是悦子此刻卸掉了伪装。无意之间脱口而出，她现在不用再费力地以第三人称的方式谈论自己。

梅森:我觉得这一幕的效果相当震撼。

石黑:是的,那一幕本身可圈可点,要是书中的其他部分渲染足了那种含混性的话。但问题在于书中的倒叙从某种程度上来说,交待得过于清楚,似乎带上了某种现实主义小说的权威性,也就少了一种我所想要的当人们挣扎于往昔的回忆,试图操控回忆而产生的扑朔迷离之感。小说对于往日场景的处理方式有问题,不像是回忆,因此结局并不成功,过于突兀。我原本设计这个场景是为了让读者最终能够顺理成章地明白:"当然,没错,她终于说出来了!"结果却相反,这个结局却让人大吃一惊。当时的我写作技巧不够炉火纯青,没有徐徐引出结局,因而有点让人费解。好在很多人挺喜欢烧脑的结局。就像你说的,结局让你目瞪口呆,你觉得必须把小说重读一遍才行,这是不一样的效果。

梅森:在悦子口中,她当年在日本是个十分腼腆而传统的女人,但实际上她的所作所为——抛下丈夫,离别故土,等等——却显得胆大妄为,离经叛道。这二者之间并不一致。这是读者必须要解决的另一种空白。

石黑:是的,这正是《远山淡影》中的空白。我们可以假设真正的悦子在过去有点更接近四十多岁的悦子口中那个胆小如鼠的女人,而不是佐知子的形象。说到底,那是她的一家之言,是她自己如何离开日本的情感经历,虽然她并没有告诉你真相究竟如何。但是我对铁板钉钉的事实没什么兴趣。这部小说的重点不在于此,而在于情感的起伏。

梅森:在某些方面,尤其是梦境部分,看上去悦子似乎试图自我惩罚。女儿景子的自杀让悦子痛不欲生,充满负罪感。然而从别的方面来说,悦子似乎通过重构过去来使自己得以全身而退。请问这两点我说得对吗?

石黑:对的。这本书主要围绕的是悦子的愧疚感。悦子深感内疚,因为自己情感上渴望另一种生活,悦子牺牲了大女儿的幸福。正是她的这一面使她无法接受小女儿妮基的劝慰。妮基告诉悦子"没什么好担心的",当年的她做得无可厚非。悦子觉得这样的说法讲不通。但另一方面,她又觉得自己的确需要重建回忆从而得以保留些体面。

梅森:《远山淡影》中一些滑稽的主题没有完全展开,它们不大站得住脚。

石黑:是这样。不管原本我想在悦子和她的公公绪方先生之间如何呼应,结果都不了了之。这样说吧,那时我还是个经验不足的作家,我认为新手作家会犯的一个毛病就是,你不能像老练的作家那样很好地掌控小说。你引入一个内容,却没想到这对小说的余下部分意味着什么。起初我很感兴趣的很多东西,被我几乎是无意间插入的内容完全抢去风头。当你创作处女作时,你很容易兴奋过头。而且一旦想到这些巧妙的叙事小技巧,你就忍不住把这个写进来,把那个写进来,最后你突然意识到整本书三分之二的内容讲的都是别的东西。悦子和佐知子的故事所讨论的流亡和父母责任主题实际上是我半路插进去的。我经常加入一些内容仅仅是因为这些内容在某一章的某一页起到了不错的效果。一不留神,我发现在我的笔下一个女儿就上吊自杀了,或出了其他意外,然后我又不得不想法子圆场。你要是真想写点东西出来,你就不能轻易地插入内容。这有点像房主找共处一室的房客,他们会和你待很长一段时间。我认为我在创作第一部和第二部小说之余学到的最重要的东西就是依照主题选取内容。

梅森:请问是什么吸引你在第二部小说《浮世画家》中选择年长的艺术家作为故事的主题和主旨?你是联想到了特定的人或者特定的群体吗?

石黑:并没有,不是这样的。我猜我当时想到的是我自己和我的同龄人,就是六七十年代上大学的一代。我创作这部小说是出于到了一定年纪回首往昔而产生的恐惧。我感兴趣的是浪费天赋这一特定题材,不是因为蹉跎岁月、无所事事而无所作为的那种。吸引我的是那些心甘情愿辛勤耕耘、有生之年朝着目标勇敢迈进的人,他们坚信自己是在为正义的事业添砖加瓦，结果却发现，等到他们实现了人生的目标，社会环境却让他们陷入混乱。他们一度引以为荣的追求却成了他们的奇耻大辱。我对日本那段时间的历史情有独钟，因为它是整整一代人的经历。这群人生活的道德环境直到战争结束前的那一刻还在宣扬利用自己的聪明才智为日本的民族事业奋斗是无上荣光，可到头来，等战后他们才意识到：原来这是个弥天大错。《浮世画家》要探讨的正是这样一种人，他努力与这样的事实和解，承认自己纯粹因为缺乏对所处世界深刻的洞察力而在不知不觉间莫名错付了天赋。

梅森：《浮世画家》的故事发生在哪座城市？

石黑：出于各种原因，这只是座假想的城市。一旦我以真实的城市为背景，真正去核实的责任会变得举足轻重，这很无趣，看上去也毫无意义。不管我能否声称故事确确实实发生在东京，对我来说这都毫无价值。事实上，这在很大程度上会遂了误读者的心愿，他们本就希望这部小说只是描摹战后东京的某种现实主义文本。不具体指明故事发生的场所，我就能说这部小说讨论的是人和人的生活，而非某座真实城市的纪实。这样我的创作就有更多的自由。如果我想有座亭檐上挂着灯笼的亭子，我可以随意编一个。只要我想得出名字，我可以想编多少地方就编多少。如果我不得不一直翻地图，参照真实的东京历史，这些东西严格说来会让我深恶痛绝。

另一个诱惑就是把故事设置在长崎，这座我唯一还算熟悉的城市，也是唯一我能找到人为我讲一讲的城市。但是，当然了，对于绝大部分西方读者来说，你一提到长崎，他们就会想到原子弹，而我在这部小说里压根不想讨论这个话题。所以，尽管我本可以多少有些真实地再现长崎的地标性建筑和地区，我却没有这么做，就是因为我不希望这部小说成为又一本关于原子弹爆炸的作品。

梅森：请问你选择画家作为小说的主人公，而不是作家，或者演员，有什么特殊原因吗？

石黑：没什么特殊原因，并没有。我内心并没有对绘画艺术或者画家有特别的兴趣，只是对我来说，正好画家要比其他的职业更能服务于我的目的。在我看来，小说里安排作家这种角色总会很危险，这样一来就会出现各种各样的声音，除非你特别想探讨小说的性质。但我尽量避免在自己的作品里涉及这种后现代主义元素。

梅森：请问你研究过那个年代画家群体的言行举止吗？你想象的这些场景有什么依据吗？

石黑：我没做过什么研究，主要因为研究对我来说，只是完成作品后为了核实才有意义，目的是确保没犯什么离谱的大错。为了服务我的小说主旨，我需要以某种方式在书中呈现特定的内容。在《浮世画家》这部作品中，我需要展现一个领袖人物能对追随者产生巨大心理影响的世界。因而追随者们要挣脱束缚，就必须要表现出非凡的决心。这是我想表达的。而且在我看来，我心中的日本就是那样运转的。本质上我并不关心写作的现实主义目的。我只是为了自己的需要虚构了一个日本而已，这个日本来自零散的片段和回忆，充斥着猜测和想象。

梅森：在某些方面，你在《浮世画家》中的叙事安排与《远山淡影》相似。整个故事由一些不大可靠的叙事者讲述，所以读者不得不通过关注其他内容来断定叙事的可靠程度。叙事者小野在小说的开篇直接与读者对话："如果在一个阳光灿烂的日子，你爬上陡峭的小路……"这样的语气很亲密，就好像他在和朋友或者熟人聊天。而在小说的其他地方，他的叙述更像是一种辩解，是在公开地解释他的所作所为。请问：这里的"读者"是谁？小说的叙事情境究竟是什么？

石黑：我设想的读者很明显不是小野提到的"你"。小野在讲述中假定任何读到故事的人一定住在这座城市，也对城市的地标建筑很熟悉。我使用这一手法主要是为了营造出一个世界。我认为这能够凸显出，这幅心中的景象完全由小野的意识而非其他东西描绘而成。不管读者是否注意到，这样其实不经意地营造出了就像在偷听小野与同乡推心置腹谈话的效果。小野的败落很大程度上是因为他缺乏洞察力，看不清外部世界，无法超脱于现行的价值观。所以小说的核心在于画地为牢的问题，我努力将其融入整个叙事。与此同时，我想表明的是小野的情况相当正常，因为我们大部分人也是眼界狭窄的井底之蛙。所以这部小说主要讲的是凡人无法看透外部环境的故事，正因如此，人们只能任由所处世界宣称的那样摆布。

梅森：多少有点年迈的叙事者不断地离题，导致故事情节始终处于发散的状态。这是否表明你有意摆脱线性叙事的束缚？

石黑：是的，没错！我不喜欢因为情节的限制而不得不让A在B之前发生，B在C之前发生，我希望故事能以特定的顺序展开，根据我觉得基调上或者别的方面应该如何安排。我可以按照我的需要来让小野有这样的情绪，或者谈论事情起来处于那样的心境。也许看起来他有些游离，但从我的角度来说，却是精心安排的。我没有什么承上启下的过渡段落，因此他似乎从一部分游离到了另一部分。也许这会给你留下他年老体弱的印象，但人们的说话方式正是如此。更重要的是，人们的思维方式亦如此。所以我并不受制于事件发生的时间顺序，这样我能在自己需要的时候揭开真相。

梅森：再一次说明了你的叙事中有些矛盾不曾解决，留待读者作各种解读。

石黑：是这样。一直以来，我对究竟发生了什么并无太多兴趣，我在意的是情感层面，是小说人物在故事不同阶段的实际立场以及为何他们会这么看待问题。

梅森：与此同时，你在小说里安排了一条明显的主题并行线，小野的导师当年没收了他的画并将他逐出别墅，这和小野之后对待自己的学生黑田的方式一样。

石黑：我想阐释的是师生关系这个世上反复出现的主题。在某种意义上，我把日本用作一种隐喻。我想表明的是服从上级和统治下级的需要是社会运转的动力，这一现象并非日本独有。我希望西方读者不要把它看作日本独有的问题，而是人类的一种普遍现象。

梅森：德川时代的日本都市到处是声色犬马和人偶表演，在这样的浮华世界中，或者至少是在浮世绘艺术中，不可调和的矛盾经常以戏剧性的自杀方式来化解。你这部小说的标题是《浮世画家》，必然也会让人联想到这一传统。然而你给出的故事结尾却略带反讽和喜剧色彩，有点不符合人们对这一题材更加戏剧性的传统预期。小说宣扬的是生命的正能量价值观，而不是万事万物陷入绝望的困境或是落入自杀的俗套。文中的叙事的确在某些地方暗示小野家族对这样的可能性有过忧虑。但是小野坦承了自己的错误，顺应时代的变迁做出改变，同时也设法为自己做出了一定的辩护。请问对于他的矛盾，你是否在任何意义上提供了一种背离传统，甚至是非日本式的解决之道呢？

石黑：嗯，你知道的，我并不觉得这是非日本式的结尾。不久前，我发表过一个短篇故事，题为《团圆饭》。故事基本上就是给西方读者开的一个玩笑，利用了他们总以为日本人会自杀的心理预期。虽然从来没人明说过，但西方读者都默认这些日本人要集体自杀，当然他们自己从来不干这种事。

这种类似于切腹自杀的东西，我和你们一样陌生。对于大多数现代日本人来说，他们和西方读者同样感到陌生。日本人热衷于主人公自裁这样戏剧性的故事，但日本人并不像西方人设想的那样随随便便就自杀。所以我的作品可能在那种意义上没有一个典型的日式结尾，但五十年代许多伟大的日本电影也没有幻想着那样收尾。如果说我借用了某种传统，那应该是避免一切夸张和纷杂，使创作大体上不超出日常经历的传统。

我非常在意的是,在任何时候,只要我的作品场景设置在日本,即使不能完全肯定是日本,我写的人物就该被看作是常人。对于我笔下的日本角色,我会和创作英国角色一样时扪心自问同样的问题:当我问一些生死攸关的问题时,对于他们来说什么才是至关重要的。我对于日本人这方面的了解就是,他们和其他人并无分别,就像我和我的父母一样。我不认为他们是会切腹自杀的民族。

梅森:到了小说的结尾,你希望刻画出叙事者小野怎样的心境?

石黑:我希望他在喜忧参半中,有些痛苦地领悟到:"日本搞砸了一切,但这些年它又重振旗鼓了,这让人由衷感到喜悦。可是人生却不能如此。人的一生只有一次机会。"小野就是这样,他做出了尝试,结果却不尽如人意,他的世界随之告终,他只能祝福年轻一代,但他已经退出了历史舞台。让我饶有兴致的是,人们为保住某种尊严而采取各种方法,为的是最终能有资格说:"好吧,至少我做到了这些。"从某种意义上来说,小野一直无路可退。他必须不断地承认自己犯下了一个又一个错误,到最后,他甚至要接受自己在这个世界上轻如鸿毛这一现实。我认为,我想表达的是人的尊严并不一定取决于他在生活中或者事业上的成就,还有一点,因为小野在最后展现了人性,所以他有值得尊敬的一面。

梅森:从他的叙述中,读者可以看到,小野为了保全自尊,渐渐地做出自己并未意识到的让步和改变。

石黑:是的,这确实是创作目的。小说主要采用了日记的形式。严格说起来,日记体叙事的优点在于每一篇日记的创作心态可以不同。他在1948年10月写下的日记事实上和随后的日记相比,背后一系列的想法相去甚远。正出于这个原因,小说被分成了四个部分,每一部分都好像真的写在特定的一段时期或者是日记上给出的日期,这样我们事实上就能看到他的转变,看到语言本身也发生了细微的变化。

梅森:这样转而能凸显更大的讽刺主题,呈现浮华世界的人生百态。小野拒绝了导师毛利君的浮世绘艺伎主题,靠着画军国主义宣传海报得到爱国的表彰,一度飞黄腾达,但这一切都是过眼云烟。

石黑:是的,所以他就是浮世画家,就像这个浮华世界颂扬的是片刻的欢愉一样。纵然待到清晨,愉悦就会消失殆尽,纵然它们源自虚无,至少此刻你享受到了这份快感。我要表达的就是没有什么东西是可靠的。小说的讽刺在于小野拒绝了这一套人生态度,但到了最后,他所称颂的欢愉同样随着清晨第一缕阳光的到来而烟消云散。所以浮华世界从更大的隐喻层面来说指的是社会价值观永远的流变。

梅森:《远山淡影》里的半老妇人和《浮世画家》中的长者,这些第一人称的叙事者和你的个人生活相去甚远。请问你是如何设置这些人物的?是通过某种想象的迁移吗?

石黑:我从来没想过这会是个技术难题。这就像是有关现实主义和日本细节的问题。从一开始我就没有想过:"一个中年妇人会怎么想呢?"那样的话,整个写作计划会让你惶恐不安。我需要的是某种意识,某种心理状态,这样顺理成章呈现的就是一位中年妇人或者长者。小野不可能是别人。

梅森:你用英语写作,却展现了日本文学的神韵,这一点让人叹服。你是如何通过英语语言呈现彼此不同的日本人风格呢?

石黑:有两点。因为我使用第一人称写作,所以连描述部分也必须符合叙事者的性格特征。《远山淡影》中的悦子用日本人的说话方式,因为她就是个日本女人。当她有时谈到日本的东西,比如解释什么是"抓阄"时,很明显她说的是英语,并且是她的第二语言。因此,必须带有那种小心翼翼之感,尤其当她用英语复述日语对话时,一定要有点外国腔。

关于《浮世画家》中的小野,他是用日语叙述,而读者是通过英语阅读故事。在某种意义上,他的语言更像是一种"假译",就是说我的英语不能太流利，也不能使用太多的西式俗语。这和字幕差不多，提醒你在英语语言背后说的是一门外语。我写作中用了某种翻译腔是因为我其实很清楚地意识到了这些。有时候我的耳边会有个声音在说："那不太真实，用那种语言的话。如果英国人这样说无可厚非，但用在这里不行。"

梅森：你创作时有人帮你修改吗？

石黑：我通常全靠自己。我在费伯出版社有个编辑，罗伯特·麦克拉姆，他经常帮我看倒数第二稿。两部小说中，他都提出了非常有益的建议，但都是些无伤大雅的小地方。通常，他会指出书中的某个部分看起来较弱，让我再看一看。但我只在作品已经差不多完成了才给他看手稿。我当然不会干和别人一起一页一页修改这种事。

梅森：你会感到压力要去试验新的文学形式吗？

石黑：有一段时间确实如此。文学圈里的人说到"年轻作家"，几乎就等同于说在尝新的作家。你经常看到这样的说法："他们摧毁了这个，或者颠覆了那个。"所以我认为，很自然你就会觉得前辈们已经设法做到了这点，现在你得改变。但我尽力避免让它成为我写作的中心。我觉得纯粹讨论文学形式的书非常无趣。只有在文学创新能够帮我以某种情感维度探讨特定的主题时，我才会对它感兴趣。我总是尽力遮掩写作中我认为也许是实验性的内容。

梅森：你现在在创作什么？

石黑：我正在写另一部小说。这部小说以英格兰为背景，讲的是一位管家努力要接近伟人、接近历史中心的故事。我也在写电视剧，目前已经完成了两部，现在正开始写第三部，这次是电影。所以我总是同时做至少两件事情，一边编剧一边写小说。拍电影完全不同于小说创作。你按照设定好的剧本拍摄，演员们在一定的时间内表演完，不然就要为超时付一大笔钱。你没有机会一遍遍地重拍场景直到满意为止。这和音乐会表演之类的差不多,你必须当时当场做好。拍电影介于表演艺术和更需要深思熟虑的写作创作之间。写作时,你可以一遍又一遍地重写,除了浪费纸张以外没有什么成本,而且你可以花很长的时间创作。

梅森:你如何看待你作品的发展,什么是你一直关注的?

石黑:嗯,很难说我十年后关注的东西会和现在一样。我的书中总有些我并不十分感兴趣的内容,虽然它们占据了作品相当重要的篇幅。比如我对父母责任甚至是流放的主题就不怎么感兴趣,虽然看起来这些在我的第一部作品中是首要问题。我对自杀的问题也毫无兴趣,虽然我很清楚,在我的两本书里它都以这样或那样的形式出现。但是诸如回忆,人们如何利用回忆达到自己的意图和目标之类的主题却一直让我魂牵梦绕。所以眼下,我打算继续第一人称叙事,围绕人们吐露实情或者自我逃避时的思绪做文章。

对话石黑一雄

◎ 克里斯托弗·毕格斯比/1987年

原载于《作家访谈》，第1卷，第193—204页。Pen & Inc出版社授权转载。

石黑一雄1954年出生于日本长崎，却在英格兰长大。他就读于肯特大学，后在东英吉利大学攻读创意写作。他最早的两部小说——《远山淡影》(1982)和《浮世画家》(1986)——都以部分虚构的日本为故事背景。随后，以二战前的英国为背景的《长日将尽》(1989)大获成功，故事由一位年长的管家讲述，对忠诚和个人尊严的信仰使他放弃了更为宝贵的人生价值。《无可慰藉》出版于1995年，接着2000年出版了《我辈孤雏》。本次访谈发生在1987年，当时石黑一雄正在创作《长日将尽》。

克里斯托弗·毕格斯比：你出生于日本，却在五岁时离开，在英格兰长大。你对早年生活在日本的经历还有任何记忆吗？

石黑一雄：很奇怪的是，我确实记得。人们都觉得不可思议，但我的确有鲜活的记忆，虽然这些记忆也许并不准确。我想有可能是因为我的生活中发生了巨变才使记忆如此鲜活。如果人生突遇变故，你得有一些能让回忆扎根的东西。我能记起的都是些无关紧要的事。我确信在我人生的头五年肯定发生了些意义重大的事件，但我现在只记得些平常小事，比如和祖父站在街头端详一幅电影海报或者是用剪刀割破了大拇指之类。这些琐事不知为何留在记忆里。但是我有大把大把这样的回忆。

毕格斯比：一旦到了这个国家，你发现自己在多大程度上扮演年轻一代的移民角色，周旋于父母和很可能对他们来说陌生得多的异域文化之间呢？

石黑：很快，可能在我六岁时，那是我来这一年后。我认为我的英语可能比父母说得好。当然我比他们更自信，所以我想不起来那段不会说英语的时光。肯定从某个时间点开始我就学会了英语，但是在你如此年幼时，你不会因为自己无法完全掌握一门语言而难为情。所以我学起来和其他孩子没什么两样。我当时一定学得很快。几乎从我能记事开始，英国生活里有很多方面，我要比父母更驾轻就熟，虽然肯定也有东西——有很多——是父母教给我的。

毕格斯比：这改变了你和父亲间的权力关系吗？

石黑：很难说，因为我没有任何可以比较的对象。除此之外，日本家庭的权力关系事实上和我在西方家庭中观察到的权力关系相去甚远。运作的方式并不完全一样。在日本家庭，直接管教孩子的是母亲。很大程度是这样，比西方家庭程度高得多。当然父亲也会参与，但教育孩子、抚养孩子之类并不是他的责任。

毕格斯比：但是，即便是对你的母亲，你也一定翻译了很多吧，而且不只是按字面直译吧。你一定是以解释的方式向她介绍，因为这些是你所熟知的。你和这些东西一起长大。

石黑：对的，对的。我相信是这么回事。但是，像我刚刚所说，我肯定有很多东西是她教会我的。

毕格斯比：我猜有时候，你一定会对被视作日本作家这一点大为恼火。然而，你会自认为是个彻彻底底的英国人，或者你能看出你感情上更像日本人的一面吗？

石黑：我认为，我不是文化意义上真正的英国人，因为抚养我长大的父母是日本人。我在家庭之外接受的教育非常英式。我读的是英国的文法学校,然后念了两所英国大学。从那层意义上说,我的确受到了非常典型的英式教育。但是在家里,在父母家里,我们仍然说日语。我一直都非常清楚地意识到,他们将我抚养成人的方式和我朋友们的父母完全不同。

毕格斯比:在哪些方面不同?

石黑:方方面面。我前面说过,家庭关系不一样。关系背后的观念迥然不同。我认为实际上,按照西方标准来看,我的父母似乎相当娇惯我。很多观察过日式家庭的西方人都有这样的看法:男孩子尤其被当作小皇帝来抚养。日本就是这样一个国家——或者至少在我的记忆中如此——电车上如果座位不够,成人是会起身给孩子让座的。小孩子几乎被视若珍宝,所做的一切都是为了他们。我的父母就是秉承着这样的观念抚养我长大的。

但是这背后不只是表面上看起来的那样。这不是说日本孩子被纵容撒野,为所欲为。这个问题还有另一面。事实上,日本孩子从很小开始就被教导对父母有道德责任,做某些事情要承担相当重的道德压力,这些发生的时间要比大多数西方孩子早得多。比如说,我去完成作业不会是因为父亲或者母亲站在我身后大吼大叫,而是因为如果没做作业我会深感内疚。这样的阶段很早就开始了。我认为,这就是为什么日本家庭的运作方式从某种意义上对于西方观察者来说有点神秘。虽然言之甚少,但通过这种相当古老的方式,孩子的教育却早已悄然开始。

毕格斯比:你可以说日语,那你能用日语写作吗?

石黑:我不行。我认为,除非从小就在日语环境中长大,否则掌握这门语言非常艰难。我应该这么和你解释:日语有两套假名,这可能就是多数西方人认为的日语书面文字。日语文字包括来自几千年前的中国汉字。大约有两千个汉字,你至少要掌握一千个才具备读写能力。每一个汉字都相当复杂,书写不易。你必须书法技艺炉火纯青才能写出像样的日本汉字。每一个汉字并不只代表一个词，或者一个概念。同一汉字根据组合方式的不同会表达完全不同的含义。要学会书写日语难于上青天。当然，当我五岁离开日本时，我的日语书写学习就算告一段落了。虽然父母努力让我继续，但我想，如果你身处异国，那只能是收效甚微。

毕格斯比：你是否一直将写作视为自己孜孜以求的事业？

石黑：哦不是，完全没有。我完全不记得自己什么时候想成为作家。我曾经想做音乐家，这一直是我的梦想。我想在我第一部小说面世后，这个梦想就消失了吧。然后我就想，好吧，我最好试试写作这行吧。

毕格斯比：你创作过音乐吗？

石黑：创作这个词太宏大了。我曾经写过歌，玩过吉他，弹过钢琴，我不太确定自己要成为音乐家还是当个摇滚明星。对于成长于六十年代晚期和七十年代的人来说，他们十几岁的时候自然而然就期望成为摇滚明星。但我内心有一块是真正喜欢音乐的，现在我也只剩下这份对音乐的挚爱了。而内心的另一块是成为某种人的强烈愿望。我认为，在那些有志成为作家或者确实成为作家的人身上我都能看到这一点。我们可以区分只是想写点什么的冲动和想成为作家的冲动。你渴望成为的是作家这种被奉若神明的人。在我看来，这两种想法之间事实上经常是彼此矛盾的。至少，这两种冲动也许并不相互支撑。

毕格斯比：但是，当你在东英吉利大学攻读创意写作硕士学位时，你似乎是选择成为一名作家。不过写作能被教授吗？

石黑：我很怀疑可以简单地通过课程和练习造就一名作家的想法。你当然可以培养出写作技巧更为纯熟的人，但他们能否产出任何具有艺术价值的东西，对此我深表怀疑。我认为，一门创意写作课能做到的就是创设环境，使身处其中、认真对待写作的人发现自己是否真的愿意从事写作，是否具备写作的才能，并且弄明白他们想要写什么。这为人们提供了必要的空间和适宜的环境,从而使他们拥有的某种才能可以脱颖而出。

我认为,东英吉利大学的课程非常优秀,因为它没有急于推进,至少当年我就读时如此。你有充足的时间不受侵扰,独立完成。没有写特定风格或者特定主题的压力。课程强调优秀作品的多元化,而不是告诉你这些是范文,让你挑一个照葫芦画瓢。实际情况就是学生必须尝试,找到真正契合自己的东西。

毕格斯比:硕士学业改变了你的写作方式吗?

石黑:那时我才真正开始投身写作。所以改变是根本性的。在东英吉利大学读书以前,我实际上写得很少,那些在今天看来压根算不上真正的写作。那时候写的东西我没有打草稿或是修改润色,思考的方式也和如今我所谓的写作不一样。去东英吉利大学读书前写下的东西我称之为记录而不是写作。我在美国旅行时就记下了很多笔记。

毕格斯比:像马丁·艾米斯写的那种东西吗?

石黑:更像杰克·凯鲁亚克,我认为。这是变相的自传写作,就是生活中有个叫约翰的朋友,你把名字改成皮特,然后宣称自己写的是小说。你只是把生活中发生在你身上的任何事写下来而已。我当时写的就是那种。我接触到东英吉利大学的创意写作课程纯属偶然。当时我实际上想读英语硕士的。我在伦敦做了一年社工。那一年忙忙碌碌,压力很大,所以突然重返校园的想法对我来说就像天赐福音。我看了很多招生简章,这时我发现了这种创意写作的硕士课程,看起来比英语更有吸引力,也许任务也少得多。当然,我被录取时是有点小恐慌的,因为我认为我的水平要被暴露了,那儿会有很多出色的作家,而我要展示的作品会被别人笑话。所以,在前往东英吉利大学的那个夏天,我开始了创作,我认为,这是我第一次认认真真地开始写作。我开始写短篇故事,那是我第一次真正开始从结构,嗯,甚至是情节、人物这些传统理念的角度去思考。

毕格斯比:你是否还记得自己是怎么开始创作第一部小说《远山淡影》的?

石黑:很难厘清了。我是 1979 年到 1980 年开始写的,当时我在东英吉利大学。事实上,在东英吉利大学求学的大部分时间里,我都在创作那本书。我写了些短篇故事用于课程作业展示,但所有那些短篇都是在学年初一口气完成的。我记得 11 月我写完了所有的短篇,因为我有个截止日期。那时我要过生日了,所以我想在那之前完成这些短篇故事。一切真的如愿以偿。那门课上还剩下充足的时间,所以我开始创作那部小说。然而开始动笔的时候,小说是以七十年代的康沃尔郡为背景的,小说人物也较为年轻。换句话说,它更像一部自传体小说,因为它似乎直接讲述的就是我这一代人,像我一样的人。写着写着,我发现如果我改变背景,把整个故事置于更远的地方,可能我会写得更好、更有力度。从某种意义上来说,我想这就是我此后做的事。

我确实觉得我本质上属于那种会写很多有关同辈人和自己生活圈子的作家,即七八十年代的西方,而不是那种会试图重塑历史时期的人。虽然表面上看起来,我的头两部作品都是以四十年代晚期的日本为背景,但对我来说,创作这些小说的原动力并不在于小说背景而在于别处。

毕格斯比:你能否说得详细点,因为两部小说不仅以四十年代为背景,讲故事的人也绝非和你同时代吧?

石黑:是的,他们和我不是同一时代。我认为小说背景的价值并不仅仅在于它所提供的外在场景,而在于我可以借此讨论的人物角色和政治环境。我感兴趣的历史阶段是有更多的社会价值观发生突变的时代,因为这样一来,很多我觉得有意思的东西就会在这样的环境下跳脱出来。我关注的是意欲在人生中行善且有所作为的人是如何突然发现自己原来错付了青春。他们也许不仅仅是浪费了才干和精力,或许还一直在不知不觉中助纣为虐,却误以为自己做了好事。让人痛苦的是,人们被周遭社会所左右,对于应该如何利用自己的才能和善意,只能跟着社会亦步亦趋。

眼下,作为作家的我感兴趣的是——这也是我一直以来的关注点——当人们回首往事,觉得自己并未如期望一般度过光阴时,他们会怎样评价自己的人生。当意识到自己可能浪费了生命,他们如何设法保留一点尊严,这是吸引我的地方。考虑到这些——从戏剧性而言——是我感兴趣的领域,因此历史上那些道德观念让个体混乱的年代一直令我情有独钟。战后的日本便是如此,之前人们被告知是无上荣耀的成就一夜之间成为了噩梦的开始。我认为战后的德国与此有几分相像。不过,不是所有的场景都那么显而易见或者富有戏剧性。

毕格斯比:这从哪方面而言和你自己生活的时代有关呢?你说过,这是一种有意而为的移置,因为你实际上希望探讨的是自己所处的年代。在哪种意义上,你认为达到了这样的效果?

石黑:我认为,我写作是出于对可能发生的事情而不是对已然发生事情的恐惧。我觉得自己属于非常幸运的一代,对我们来说,生活不再只是简单的赚钱,从而让自己和家人衣食无忧,过上体面的生活。我成长在物质富足的年代,那时仅仅只是养家糊口看起来是不够的。你要让自己的人生有所作为,要以某种方式为人类作出贡献:比如改善世界,让世界变得更美好、更和平。我想我成长在六十年代那种理想主义的环境中。念完中学读大学时,我和我的同伴们互相竞争的不是看能否赢得工作,买得起比别人更豪华的车,而是看自己能否成为更有用的人。我们是否对人类作出了有益的贡献?我们是否有着足够高的思想道德水准?

在我看来,我所属的这一代人非常注重在人生中有所作为,行为正派。我认为,我现在写作是出于一种恐惧,一种对自己人生的恐惧,担心将来到了一定的年纪,回首自己的人生,也许还包括周围人的过去时,我会问的是所有我们这些曾经努力要在生命中有所作为的人究竟情况如何。

毕格斯比：所以这儿就有一种恐惧。一方面，你担心你的所作所为结果可能是无足重轻，甚至适得其反，而另一方面，你害怕自己可能参与合谋了原本不愿苟同的事。

石黑：没错，就是这些担心。我非常清楚地明白——在我更加理想化的日子里更是如此——要做到不受盛行的社会或政治氛围的左右难于上青天。似乎很少有人具备那种独特的视角，能去洞悉周围环境，从而可以不受周围人喧嚣的干扰做出决断。所以，在自己的人生中有所作为并非易事。只是被周围人牵着鼻子走并对他们言听计从是不够的。在我看来，历史似乎一次次地证明，人会那样做，然后就带来了灾难性的后果。

毕格斯比：在《远山淡影》和《浮世画家》中，你都给自己设置了叙事难题。第一部小说是带着女性的敏锐，以女性口吻来讲述，第二部则是通过一位相当年长的男性。那种挑战是吸引你的地方吗？

石黑：不是这么回事，我没觉得任何一个是挑战。我并不是谦虚，如果从一个任何方面都与我有相似之处的人物视角来写作的话，我是说表面相似，我会无从下手。比如说，和我一般年纪，住在当下的英国。我就是觉得难以从那样的主人公入手。在某种意义上来说，如果我选择的叙事者或者主人公至少在表面上与我迥然不同，这样作为作家，我就能明确对我来说孰重孰轻。当然我挑选那些叙事者——我想和很多人挑选叙事者一样——纯粹因为考虑到我想要达到的目的，他们对当时的我来说最容易。我确实也尝试过其他类型的叙事者。

差不多《浮世画家》里出现的每一个角色在某个时刻都能成为叙事者的人选。我让小外孙尝试了一次，小野的一个女儿节子也叙述了一段。书中一位不再出现的人物也成了叙事者。我做了各种尝试。就《远山淡影》而言，早年在东英吉利大学读书的时候，我曾经写了一个短篇，就是从女性视角来写的，很像《远山淡影》里的叙事者。我觉得从明显不同于我的视角创作可以极大地解放我。我想有的作家最擅长通过与自己相似的叙事者来写作。但是如果我能隐藏在与我迥异的叙事者身后，我觉得自己受到的制约会更少,更能吐露心声。

毕格斯比:但是从另一层意义来说,你使自己远离作品。方法之一就是通过性别和年龄。但你的作品情感恬淡疏离,有意波澜不兴,不是吗?

石黑:我想你可以那么说吧,但其实我没有刻意盯着作品,说:"这句话情感太浓,换个更寡淡或是更冷冰冰的词吧!"这就是我风格的一部分。当然,你所选择的叙事者会极大影响你的叙事风格。我必须这样写是因为我所选择的叙事者和主题如此。

两部小说中,尤其是第二部,我感兴趣的是叙事者一直试图逃避关于自己和过去的某种真相。换句话说,他们使用了自我欺骗的语言。正因如此,我使用的语言必须永远避免直面现实。我想这就产生了张力。我不认为我是那种不管写什么都永远一样的人,但是由于我给自己设定的任务就是描绘试图审视又不断逃避的人物心灵,所以我的写作风格必须如此。

毕格斯比:检验的方法是你可以写一本发生在不同场景下的小说。你不是正在创作一部以英国为背景的小说吗?

石黑:没错。

毕格斯比:这是否使你的写作风格和方式发生了变化?

石黑:没有。我的写作方式一如从前。我一直认为,场景带有日式风格只是我作品中相当表面的一部分。说真的,我是出于技巧原因才引入这种风格的。虽然这是我有着明显情感依恋的环境,然而我引入它的目的在于编织更让我感兴趣的其他内容。对我而言,证明就是最近两年我创作的作品完全以英国为背景,看不到一个日本人。我没有刻意在写作方法上做出任何重大改变。本质上还是同样的东西,只是背景不同而已。

毕格斯比:当然,把故事场景设置在日本,尤其是长崎,就会不费吹灰之力使作品产生历史共鸣。这可能是放在英国所缺乏的吧?

石黑:我仅仅把第一部小说的背景放在了长崎。我认为,自己当时那样做有点幼稚。事实上,我认为我的小说处女作在好几个方面都表现得稚嫩,那只是其中一处。我选择长崎仅仅因为我记忆中的日本和无论如何算得上熟悉的日本正是长崎。那是我唯一生活过的城市,也是我父母的故乡。所以,似乎自然而然地,我就将小说设定在了长崎。我不大理解的是,对于大多数西方人来说长崎就是原子弹的近义词。我和父母并不这么看,长崎也意味着许多别的东西。甚至如今,很多东西都会先于蘑菇云的意象出现在我的脑海里。

我认为等到我写第二部小说的时候,我更清楚地意识到,如果提及长崎,那么我的确躲不开整个事件——原子弹,关于核武器的争论——至少在一定程度上是这样。如果我没有做好把它当作书中重要部分进行处理的准备,那我就不该冒失地提及长崎之类的地名,纵然我出生在那儿有权这么做。但我觉得自己不应该沿着这一方向继续下去,所以在第二部作品中,我成功地绕开了长崎,避免引入那方面的内容。正如你所说,我想由于长崎、广岛、奥斯威辛之类的地名会产生共鸣,这样不费吹灰之力就会让人心动不已。严肃作家们——我想自己算一个——忍不住要以虚构、怀疑的方式处理那种严肃主题,因为这能把书卖出去。在严肃文学这一行,为了让作品多些噱头,作家们面临着巨大的诱惑,想从历史中攫取某些有严肃价值的内容。我认为对此还是应该谨慎为妙。

毕格斯比:拜读你的作品时,除了短小精悍的陈述,大段大段的对话也给我留下了深刻的印象。你创作过电视剧本,是吗?

石黑:是的,我已经完成了两部电视剧的创作。当我回头审视这两部小说时,我认为第一部写得更像是戏剧剧本或者电影剧本。每一页上都是大段的对话,对话与对话中间用一点点文字连接。但是两部小说创作之余,我开始了电视剧本的创作,我越来越不满意自己那时以小说之名行电视剧本之实。出于这个原因,我开始用在我看来只适用于小说的方式写作。我认为严格来说,两本小说的写作方式不尽相同。《浮世画家》没有沿袭同样的A到B的模式,它并非穿插着舞台说明的对话,而这在我看来,正是《远山淡影》的基础。从某种意义上来说,我认为小说应当是无法以另一种形式再现的东西。

毕格斯比:尽管你的两部小说都有着历史背景,但其中的人物却生活在闭合的空间,一个紧紧闭合的空间。你能想象自己以宽广的历史笔触创作小说,就像毛翔青写《一片孤岛》那样吗?

石黑:我很愿意这样写小说。我希望有一天自己可以写出包罗万象的宏大小说。很明显,这不仅仅看有多少人物在书中。你的小说不会因为你有三个主要人物,一个设在日本,一个在俄罗斯,或者美国,或者别的什么地方而自动变成包罗万象。这只是很表面的,因为你不可避免地谈到三个国家。但我有一种强烈的冲动要去写一本全球性小说,在最广义的层面探讨绝非褊狭的话题。但是眼下,当我试图这样做时,我能想到的唯一方法就是选取一个微观世界,然后希望它会因为我所探讨的内容具有普适性而变得重要起来。

但是没错,我确实有这样的雄心壮志,去创作一部有点类似《一片孤岛》的小说。我正朝着创作出一种史诗性的全球小说而努力,我想许多人都一直朝着那种小说努力。

毕格斯比:你从作家这个职业上获得的最大的愉悦是什么?

石黑:我不用早上某个时间起床,然后搭车去往某个办公室,对此我感激不尽。我无需和自己深恶痛绝的人共事。对于如何度过自己的时间和应该创作什么样的内容,我也有相当大的自由。比起自由职业的记者,我享有的自由更多。我几乎可以全权决定想写的内容,可以想花多少时间完成,就花多少时间,只要我的钱还没用完。我没有交稿日期要赶,也没有编辑对我指手画脚地说你要写这个主题,因为我们的杂志就是这种风格。所以我有巨大的自由,有思考的自由。我想一个作家还是享有特权的，这种特权是你有时间去思考。你可以抽身离开，思考问题，而大多数人做不到。

在某种意义上，我觉得自己有责任利用好时间去思考。我很感激的是，如果我想阅读，比如说阅读有关殖民地历史的书籍，那我就有时间去图书馆，借一些书，花上两周时间慢慢阅读这些关于殖民地历史的书。这种感觉很棒。事实上，我并不特别喜欢写作活动本身。我不记得写《浮世画家》时有这样的时刻：一天结束时我歇下来心想，嗯，今天真有趣。很明显有些时候会有某种满足感向你袭来，但我确实不记得自己会在创作过程中的任何时刻感到身心愉悦。那个过程总是有点劳心费神的。

戴维·塞克斯顿对话石黑一雄

◎ 戴维·塞克斯顿/1987 年

原载于《伦敦文学评论》(1987 年 1 月),第 16—19 页,《伦敦文学评论》授权转载。

石黑一雄是英国最杰出的日裔作家,可能也是英国唯一的日裔作家。他的第二部小说《浮世画家》备受赞誉,入围了布克奖短名单,并在惠特布莱德奖小说单元拔得头筹。1 月 13 日评审们齐聚一堂,该小说当之无愧地成为了惠特布莱德奖的年度夺冠热门。

1954 年石黑一雄出生于长崎,1960 年与父母一起来到英国。他的父亲是科学家,海洋学家。1983 年石黑入选“英国青年小说家二十佳”,其实当时他仍持日本国籍。现在他有了英国护照,居住在低调的西登汉姆一条幽长而寂静的路上。我在小说出版前拜访了他,当时他身穿整洁的黑色服装,一款日本设计师征服世界的时尚风格。他待人友好,颇是好客,甚至给我留下了开心的印象。这并不多见,显然凭我的采访技巧,被采访者中鲜有人和他一样开心。他在谈话中流露出出人意料的直接和坦诚,不会搪塞或闪烁其辞。

听他说英语察觉不出异域感。他说话有典型的中产阶级口音,带着些许伦敦南部腔调。我问他是否还记得学习英语的过程。他说不记得了。“当时我只有五岁,很快就学会了。我甚至不记得有过因为不能开口说英语而感到不便的时候。我和父母仍然用日语交谈,就是讲得不大好,像五岁儿童的日语水平。”

他的书面英语清晰易懂,读起来赏心悦目。“单从写作的角度来看,如果写作的语言不太流畅反而是有好处的，因为太流畅会妨碍写作中一些重要东西的表达。对所用语言小心翼翼会带来明显的优势。”虽然石黑一雄说自己讲起英语来并不像外国人，但他可以用日语思维。“如果我回家和父母待上一段日子，我的思维模式就真的是日式的。如果我撞了脚趾，我的头脑里立刻会蹦出的就是日语感叹词，而不是英语。”

他说自己从小受到“相当直白的英国南方教育——很无趣”。在肯特大学念完英语和哲学专业后，他在东英吉利大学跟随马尔科姆·布雷德伯里攻读创意写作硕士课程。他把这门课形容为一门诚实的课程。“也许这是门不错的课，因为它其实真正将责任扔还给写作者。没有什么规定的作业，大把时间必须由你自己安排。没有人会告诉你该写些什么。如果你的确创作出了点东西，会有一群非常挑剔的人等着你，让你无处藏身。这意味着许多人在那里饱受创伤。我在学校的那一年就有很多人完全放弃了写作，觉得那一年痛苦不堪。从某种意义上来说，我认为这样做完全正确。这个地方就是为了让他们明白自己是否真正热衷于写作。这是你到头来会拿出什么作品的问题。”

石黑最早的短篇故事完全是对前人的模仿之作，其中有三篇被收入了费伯出版社的《导言 7》。《中毒》依我看模仿的是伊恩·麦克尤恩。“我是有意在实验。那时，尝新让人激动不已。仅仅是以日记的形式或者使用现在时态的创作挑战，就足以让我动笔写故事。现在这种东西不会再让我着迷了。像你说的那样，我写的是伊恩·麦克尤恩式的故事。我在东英吉利大学读书时，伊恩·麦克尤恩仍然是——我想他如今依然是——时髦的年轻作家。那段时间他所写的全是青少年性爱和暴力那种东西。”

在东英吉利大学求学时，他突然对自己的日本背景产生兴趣，在此之前他都是抛在一边的。“那个阶段我没写过任何以日本为背景的东西，完全没想过要从自己日本的一面来创作。”两三个月后，他写了一个题为《不时的陌生悲伤》的故事（收录在费伯出版社的《导言 7》中）。他说这是受到课程氛围的影响。“马尔科姆·布雷德伯里确实非常喜欢强调每个作家都要找到自己的风格。他常常强调优秀作品是多种多样的,和其出处有关,而不是重在树立效仿的标杆。"尽管这个故事在当时似乎只是"摸索"而已,但事后看来,这就是他第一部作品《远山淡影》的预演。

我让他谈谈原子弹爆炸对他写作的意义。"我创作那个故事时(1979年),核问题还没有在真正意义上重新流行起来。差不多就在那时人们开始重新关注它,还有核裁军问题,等等。但是在那个年代——这样做看起来既荒唐又幼稚——我真没想过这个故事会和核问题的大讨论扯上任何关联。"我问他孩提时代如何看待原子弹爆炸事件。"我的感觉很奇怪。我真的不觉得是件大事。直到八九岁,我才反应过来长崎原来是世界上仅有的两座遭受过原子弹轰炸的城市之一。这是我在英国上小学时从百科词典上看到的。在那以前,我以为每座城市都有过原子弹爆炸。发现自己的家乡长崎是历史上有过如此遭遇的仅有的两个地方之一,这竟让我有了种奇怪的自豪感。不管是我父母谈论原子弹爆炸的方式,还是长崎本地人谈及原子弹爆炸的方式,都不会让孩子觉得这是件惊天动地的大事。人们往往把它看成一场自然灾害。他们会说,爆炸前那儿曾有过这座建筑,或者那座建筑是爆炸后才造的。原子弹爆炸就像是时间的标记。我的父母谈到很多死于原子弹爆炸的熟人时会带着浓浓的悲伤。外公几乎肯定是因为受了辐射,爆炸后没多久就去世了,虽然他离爆炸点很远。但母亲提到这件事,从来没有表现出愤愤不平,这常常让我大惑不解。日本人总体上没有对那场原子弹爆炸耿耿于怀。他们热衷于和平主义和核问题,但是我没看出来他们认为原子弹爆炸是滔天罪行。那很奇怪。"

石黑不大清楚父母在战争中经历了什么。他的父亲当时不够当兵的年纪,母亲则在工厂工作。"她给我讲过原子弹坠落当天发生的事。母亲的娘家位于原子弹落下的城市另一边。长崎不像广岛那样受到了正面袭击。城市的一半被摧毁了,但另一半相对而言毫发无损,只是相对而言。至于为什么我的外公会受到核辐射,我猜那是因为大家都前往被摧毁的地区帮忙而导致的。那些日子急着要焚烧掉尸体,因为当时是盛夏时节,不然就会有疾病传播。熊熊燃烧的建筑产生了令人难耐的高温，还有堆积如山的尸体必须要在任何可怕的疾病传播前尽快焚烧掉，整个场景宛若人间地狱。任何人只要还走得动，就要去城里完成这份讨厌的差事。这意味着很多人因为前去帮忙而死于爆炸后的辐射。”

《远山淡影》以当代英国为背景，故事的讲述者却是一位定居在英国并且嫁给了英国人的日本女人，她使用了大量的倒叙把故事拉回战后长崎，小说风格迂回曲折。保罗·贝利曾在《泰晤士报·文学副刊》上评论说石黑原本可以“平铺直叙”。对此石黑并不认同。“我对那本书是持有许多保留意见，但我并不认为我的问题之一在于省略太多。这本书的不足是在变革方面不够自信。给我的感觉是很像一本试水之作，我对自己希望做出的特色没什么把握。我认为小说的主要问题是主题不集中。当时我很担心要是不拖沓点的话，小说的内容会变得空洞乏味。小说读起来就像用一袋子包袱哄骗人们读下去。”尽管石黑称这部小说为试水之作，“有点晦涩，无端令人费解”，但这部小说已经被译成十一种语言，并且大受好评，摘得了 1983 年的温尼弗雷德·霍尔比奖。小说的中心人物悦子因为无法掌控自己的生活而躲入似乎漫无目的的回忆中。“我的想法是，叙事中明显有一大片空白，故事也相当古怪。读者理当会问：好吧，为什么她要告诉我们这些？读着读着问题应该就明朗了。这就是人们试图面对自己的方式——通过别人和他们的故事来直面自我。”

他不认为这样的迂回曲折是典型的日本风格。“从某种层面上说，我认为这是人性中最根本的东西。我认为日本人有这样的风格，从他们的社交行为就能看出这点。日本人表面上往往更转弯抹角，但是其实这也很像英国中产阶级的说话方式。你批评别人的时候含沙射影，而不会真的说你为什么要这么做。我认为很多英格兰北部的人理解不了南方人的举止，这和很多人难以理解日本人是一个道理。二者差不多。”

一篇题为《团圆饭》的精彩故事（一顿可能食用了含有剧毒的河豚的晚餐）就利用了英国人对日本人的成见——他们认为日本人偏爱自杀。“英国人的理解有些怪异，好像觉得日本人一门心思想的就是自杀。英国人似乎只注意到日本文化中类似的方面，他们似乎认为那才是这种要不然相当矛盾的文化中最讲得通的东西。他们喜欢'神风突击机'和'切腹自杀'。我想在那个故事中我有意利用了西方读者的心理预期。你可以用一些不好的征兆来给读者下套。一旦我营造了河豚鱼的预期，我就能利用那种张力和暗黑感服务于我自己的目的了。"

他认为保罗·施拉德的传记电影《三岛由纪夫传》只是进一步强化了这些成见。"西方不大情愿将日本人看作常人，更怂恿西方人这么看的是日本人自己也认为他们与众不同。把日本人这样神秘化，双方都有责任。"

这种让作者讳莫如深的写法使得读者拼命要找出真相。他在小说中非常看重这点。"这样做是有风险的——可能我对读者的期望太高。我总假定人们会非常细致地阅读我的作品。但是你总要做出抉择，你要么写给专心致志的读者，要么写给看书囫囵吞枣的人。如果你把所有东西讲得一清二楚或者和盘托出，这会让专心致志的人沮丧万分。"

《浮世画家》以1948年到1950年间的长崎为背景，记录下了年长的画师小野增二在三十年代由描绘浮华世界（灯红酒绿的娱乐场所）向为军国主义摇旗呐喊的转变。他逐渐与自己的过去和解，接受美国化的新派日本，因为他明白了自己的政治观念和浮华世界本身的价值观一样转瞬即逝。威廉·燕卜荪说过："虚构文学的主要作用在于使你意识到别人行事的道德信仰与你截然不同。"这正是石黑小说的过人之处。从第一句话开始，读者便明白了作品的精妙绝伦。

小说重要的一章中，小野想起一位年长的绘画老师曾和自己解释过为何他要穷尽毕生精力描绘"浮华世界"，捕捉天黑后艺伎馆的美。"浮华世界的概念是小说框架的重点之一。这儿的老画师代表的是传统流派的观点，他想要捕捉的是世上短暂的欢愉。那是日本艺术中相当重要的传统，也是对待生活的态度。你想说，好吧，人生中没什么东西能把握住。你必须看清这个世界的欢愉享乐到了第二天就会成为泡影，一到清晨便会烟消云散。讽刺之处在于小说的主人公到了事业的一定阶段觉得这样的人生令人不满。他想做一些更可靠的事。他觉得画不一样的东西，让绘画带有政治和宣传色彩，他所致力的价值观就不再昙花一现，这些价值观就靠得住，就不会随着清晨的阳光消失得无影无踪。讽刺在于到头来这偏偏就是他的下场。道德环境把他的人生全打乱了。那就是他最终的下场，虽然他说过自己不该再这样，但他仍然就是个浮华世界的画家。这就是为什么小说题为《浮世画家》。”

如何面对幻灭，如何正视自己对于世界微不足道这一现实，这样的问题深藏小说中。“我的看法是人们其实会为了保存颜面而在一定程度上自欺欺人。你必须容忍人们那样做。还有一点，我希望他能明白自己在世上地位卑微。由此他才能和世界达成某种和解。他意识到这个世界对他的所作所为并不感兴趣，他就是个普普通通的小人物而已。到最后如果他的生活被搞砸了，他是唯一真正在乎的人。我所感兴趣的是，人们直面关于自己的现实时会如何保全他们的尊严。”

我问石黑是否觉得日本人整体上已和他们的过去和解。他无法给出答案，这在情理之中。“我不大了解现代的日本。”他没有在日本生活过。“我写的日本是一个虚构的世界。它成为我想写的内容是因为它有着虚构世界的变通性。尤其西方人不大可能质疑：‘真是这样吗？’作为作家想获得一定的自由，你可以把故事 a)放在过去；b)放在别的国家。我不想和历史上已有定论的事情偏离得太远，但我也没有写纪实作品的雄心。”

在日本，他的作品由一家不知名的出版社出版，这家出版社曲高和寡，实际上是家学术出版社。从评论中可以看出，日本人似乎也认为他的作品设定的背景与他们熟知的世界相去甚远。“因为作品设定在 1948 年。自那以后日本发生了翻天覆地的变化，比英国的变化还要大。在很长一段时间里，我很害怕在日本出版小说，因为我觉得那儿的人读了之后会说：这太荒唐了，这个世界我们再熟悉不过了，他是在歪曲。但是我的写作态度没有明显不同。我写的就是一个人们不了解的世界。现在的日本人对四十年代的日本是什么样子并不了如指掌。这是一个已经消失的世界。”

但是显然，除了关注个体对正直的追求外，他还痴迷于日本这个国家如何能在历史上在没有明显压力的情况下实现一百八十度的大转变。“日本人的心理是只要这个人被视作敌人，他们就会发疯似的跟他战斗。这似乎已经深深地印在了日本人的心里。但是一旦这个人——无论是谁——被证实不再是敌人，而成为了你的征服者、你的新老师，那么日本人似乎可以毫无心理芥蒂地大反转，臣服效忠于这个新势力。有点像狗或马的忠诚。相当奇怪的是历史上他们便如此。这也是日本得以飞速实现工业化而远东的其他国家却无法做到的原因。如果你留心观察日本人在小事方面的举动，你就能理解为什么他们会那样做。那就是日本文化形成的方式。”石黑在自己的两部小说里都用到了这样的师生关系，这在日本有着重大意义。“这就像被保护人和保护人的关系一样。每个人在社会里都有自己的保护人，你可以去向他请教各种各样的问题。这是日本社会的重要特点。”

当他创作《浮世画家》时，他觉得“并不非得让情节的发展一清二楚。在某种意义上，写到某处我只能告诉自己，我一定会把小说变得相当‘无聊’。你必须承认：根据西方的写作方法，你从一开始就会说自己要写的东西很无聊，它意味着如果契诃夫这样写，他也忍不住会说这是个‘无聊的故事’。我非常理解这一点。你设法摆脱了西方文学关于创造情节和吊胃口的期待。我希望小说节奏缓慢，几乎毫无情节。我就希望它是本精致的乏味之作。”他如是说道，付之一笑。

我很好奇他为什么从来没回过日本。“我只是从来没想过。我的父母经常说，如果你想回去，我们会为你付机票钱，因为他们一直内疚把我放在了一个这么冷的国家。有一段时间我就是觉得不想回去而已——我不知道为什么。二十一二岁前我纯粹是不感兴趣。我希望去那些别人都想去的地方，比如加州，我就去过，而不是日本。”1986年他去了新加坡和马来西亚。“那个时候我再次考虑过自己是否应该去趟日本，但我还是没有去。”

如果他现在去了日本，他应该会想要在那待上一段时间。他担心的是在日本会受到何种对待。也许,他并不受欢迎。“我的境地很特殊。日本人非常种族主义。他们对待外国人的方式很奇特。他们会把外国人视作贵宾,彬彬有礼地接待,非常热情好客但又保持一定的距离。他们认为你做什么都会错,举止也不得体。如果我去了那里,他们会想:这儿有个日本人,但日语说不好,和人说话用词不当,样样事情都做错。而且他们一般对日本人去国外这件事没什么同情心。那些离开日本太久的人总是会被他们看作受到毒害。像我这样完全西化的人在日本没什么借口。他们会认为我是个未开化的傻瓜。”

他的家族在长崎仍然有幢“相当气派”的房子,很像《浮世画家》里出现的那幢。“因为无人居住,房子已经完全破败了。在长崎如果你的屋子空无一人,它就会破败,因为长崎正好在日本的南部。房子还在火山的半道上,是那种老式的武士府邸,三层楼,顶楼是西式房间。就是传统的日本房子,到处是推拉门,大大的院子里到处都是奇奇怪怪的推拉门,大大的院子里种着奇奇怪怪的蔬菜,如果你碰了这些蔬菜,就会起疹子,或是碰上蜥蜴之类的东西。我的脑海里对此有着非常生动的画面。我知道每个房间在哪。房子周围现在全是现代的日式住宅。在过去它与世隔绝,是当地的豪宅。现在却成了当地的陋室,周围的邻居一直在抱怨。”显而易见,回忆那时的日本对他来说十分重要。

“这生动地代表了我对长崎和那段人生的种种情感。我记忆中的房子富丽堂皇,如果我回了日本,现实将是破败不堪、触目惊心。在某种意义上,那也是我对那段人生经历的情感。如果它仍然是一片充斥着猜测、想象与回忆的土地,它就能为我提供力量。如果我回到了日本,也许它就失去了这样的力量。这并不是说我不想回去。也许我很快就会回去。我过去认为回日本会破坏我的写作。现在我的想法有点动摇了。日本已经发生了巨大的变化。我经历的日本仍然会是个独特的地方。”

动态速递:石黑一雄

◎ 格雷厄姆·斯威夫特/1989 年

原载于 *BOMB* 杂志(1989 年秋季刊),第 22—23 页,第 29 页。格雷厄姆·斯威夫特和 *BOMB* 杂志授权转载。

因为第二部小说《浮世画家》的出版,石黑一雄在国际文坛声名鹊起,小说获得了 1986 年惠特布莱德年度最佳小说奖,并入围布克奖短名单。小说讲述的是一位日本画家,一度飞黄腾达,却发现自己成了战后历史修正主义文化的牺牲品,因为自己三十年代在政治上所做的错误选择而遭到鄙视,被人拒于千里之外。今年秋天克诺普夫出版社的《长日将尽》有着类似的主题,只不过这次我们的叙事者是位纯正的英国管家,名叫史蒂文斯,他反思了自己为叱咤三十年代英国政坛的贵族服务多年的经历。

史蒂文斯这个角色被塑造得十分出彩,外表拘谨生硬,内心却盲目可悲,令人同情。他苦苦思索如何方能成为一名"伟大"的管家,何为尊严,还有如何才能掌握戏谑的能力。石黑在婉转嘲讽人物的同时点出了拘谨情感下的浓浓悲哀,这显示了他写作手法的自信和笔法的精妙。小说的核心也有对英国三十年代排犹主义不动声色的审视。斯威夫特和石黑在伦敦进行了交谈。

格雷厄姆·斯威夫特:你在日本出生,五岁来到英国……你认为自己是个怎样的日本人?

石黑一雄:我不完全像英国人,因为抚养我长大的父母是日本人,我们在家说的是日语。我的父母没想到我们会在这个国家待这么久。他们觉得自己有责任让我接触日本的价值观。我的背景确实与众不同。我的思维方式不一样,视角也有所不同。

斯威夫特:你能说除此之外你就是英国人吗?你会觉得自己特别有英伦范吗?

石黑:人不是三分之二是这样,余下三分之一是其他。气质、性格或者世界观不会像这样泾渭分明。每部分不会分得这么清楚。你最后会是个有趣的混合体。这在本世纪下半叶变得尤其常见——人们有着混杂的文化背景和种族背景。这就是世界的走向。

斯威夫特:和你一样,许多与你同时代的英国作家准确来说也都出生在英国以外的地方。你认为自己和他们一样吗?我想到的作家有毛翔青、萨尔曼·鲁西迪、本·奥克瑞……

石黑:我这种情况与那些来自英联邦国家的人有着巨大的差异。在印度长大的人有着特别而强大的关联,他们会强烈地认为英国是自己的母国,是现代性、文化和教育的本源。

斯威夫特:这是从另一角度感受帝国。然而在《远山淡影》和《浮世画家》这两部小说中——这两部大致可以称为日本小说——你探讨的是帝国的毁灭,即日本帝国的毁灭。这些都是关于战后时代的小说。最新的大作《长日将尽》以五十年代的战后英国为背景。看起来和《浮世画家》一样,关注的都是帝国主义时期谬以千里的愚忠和理想,一个是三十年代二战前的英国,一个是三十年代的日本。二者有相似之处。

石黑:我选择这些背景有着特别的原因:它们对我的主旨至关重要。我之所以一直钟情于战前和战后的时代背景,是因为我感兴趣的是人们的价值观和理想受到考验这回事,当人们发现自己的理想与考验来临前自己所设想的大相径庭时,人们会如何直面这样的认识。三部作品中都提到了第二次世界大战。

斯威夫特:《长日将尽》的主人公是一位管家。人们想到管家,总会在文学上联想到侦探小说或者喜剧,舞台滑稽剧,但是你塑造的管家事实上是一位非常严肃的人物。你是如何想到这一角色的?

石黑:管家很好地隐喻了平凡无奇的小人物和权力之间的关系。我们中的大多数人并不要管理政府或者发动政变。我们要做的就是为形形色色的人尽己所能提供微不足道的服务:为事业,为雇主,为机构,并且乐观地期望我们认同利用服务的方式。这就是我想写的状况。我认为管家这一角色,这个提供服务的人,离权力中心近在咫尺,却又相距甚远,是个值得大书特书的人物。还有一个原因你暗示过……这的确因为管家在英国文化中已经成为了神秘人物。我一直觉得它古怪而有趣。这和我的日本背景有一定关系。英国人的特质中有些东西对我来说非常新奇。

斯威夫特:然而你可以说,管家这个角色必须要过循规蹈矩的生活。尊严对于这个角色至关重要。这和日本有相似之处——尊严感,为人服务,还有表演的人生。这和《浮世画家》之间有着强烈的呼应。那部小说的主人公小野增二,同样在意尊严。然而史蒂文斯没那么多自知之明,也更可悲。他对自己的经历似乎熟视无睹,唯一可取之处就是他将尊严视若珍宝。你是否认为尊严是一种美德?

石黑:要知道,我并不确定什么是尊严。这也是《长日将尽》中争论的一部分。史蒂文斯执着于这个他称作尊严的东西。他认为尊严就是不流露情感,其实他认为尊严就是毫无感情。

斯威夫特:这就是压抑情感。

石黑:对的,变得不大像人。不知为何,他觉得尊严就是把自己变成某种动物,不带任何情感或者任何会破坏职业性的东西,完成被分配到的任务。人们容易把拥有情感等同于柔弱。这本书争论的是尊严的意义是无情无感还是别的,比如对自己的人生有了一定的掌控,人就有了尊严,或者尊严是民主赋予普通老百姓的东西。到了最后,没人能说史蒂文斯在某种意义上保有尊严:他开始质疑自己不假思索地唯马首是瞻时,是否根本毫无尊严可谈,他在为之奋斗的事业中,对于如何利用才干的道德观念毫无左右能力。

斯威夫特:而且这项事业被证明,无论开始时多么高尚正直,却是个错误。

石黑:没错。

斯威夫特:当然小说中还有其他更极端更令人心酸的地方。史蒂文斯似乎完全压制了和以前的女管家肯顿小姐之间发生浪漫爱情的可能性。他要利用一个难得的假期去看望她。他已经很久没见过她了。他要重返昔日的重要时刻。然而,他所说的没有一样是他对这件事的真情流露。这部作品在这一难度极大的地方做得很成功。就是说,你的人物在某种程度上能侃侃而谈、机智聪慧,但他似乎没有任何自我分析或自我认知的能力。这是很难糊弄过去的。你当时觉得棘手吗?

石黑:他最后说自己之所以这么做是因为在他内心某个深处,他知道要避开什么。他非常睿智——这样说没有任何贬义——看到了危险地带,这控制了他的叙述走向。小说的语言就是自我欺骗的语言。为什么他说这些事情,又为什么他在特定时间提到了特定的话题,这都不是随机的,都在他不曾言说的事情的控制之下。这是他讲故事的动机。他身处痛苦的境地,因为在某些层面他确实明白真相是什么,但他又没有公之于众,而且他还有本事让自己相信这其实是子虚乌有。他口才极佳,足智多谋,出色地完成了自我欺骗的任务。

斯威夫特:你提到了自我欺骗的语言。你的主要叙事者全都用过这种语言。这尤其和记忆的不可靠性有关。你的小说人物似乎随心所欲地遗忘和记忆,要么想起的事发生的场景不对,要么和别的混为一谈,这其中是有意或无意的逃避过程。你认为这在多大程度上是有意为之?

石黑:他们有意为之?

斯威夫特:正是。

石黑:在某个层面,他们必须明白什么是自己不得不逃避的,这决定了他们如何游走于回忆和往昔时光之中。他们通常对过去忧心忡忡,这并非偶然。他们担忧是因为他们感觉到过去有些事不大对劲。当然了,记忆是片极不可靠的领地,正是记忆的含混性助长了自我欺骗。所以常有的情况是,不断为过去编造各种版本的人很快再也无法恣意捏造了。人生的结果就是你要对自己的一生承担责任。

斯威夫特:史蒂文斯拜访了过去的女管家肯顿小姐后,坐在海边,放声大哭。这是一种自我面对,一种坦白,但是这一刻可能也是另一种尊严。承认失去和失败而得来的尊严,一种远远超出史蒂文斯格局的尊严,然而他确实赢得了这种尊严。

石黑:的确如此。

斯威夫特:带着痛楚。

石黑:这是生而为人的尊严,是诚实的尊严。我觉得,那是我想代表史蒂文斯和上一本书中的画家小野发出的呼喊。没错,他们经常自我炫耀,面目可鄙。他们投身于相当肮脏的事业。如果有什么要为他们辩解的话,那就是他们有了作为人的某种尊严,他们接受了关于自身非常痛苦的现实,从而最终有了些许英雄气概。

斯威夫特:看起来你觉得尊严是个相当纷繁复杂的概念。写作过程本身就是种尊严。人们可以说你的文风不失尊严。我想知道,你是否认为艺术家和画家也始终面临着和史蒂文斯差不多的问题。艺术本身有其固有的尊严和体面,然而,当它卷入重大事件或者政治中时,艺术的领域就被延伸，艺术也会变成圈套。《浮世画家》中的小野是一位纯粹意义上的艺术家。“浮华世界”就是纯艺术的美妙绝伦与转瞬即逝。正是他把自己的才能服务于了政治，他人生中的一切才大错特错。他这样做错了吗？艺术是否不该服务于政治？艺术是否应该关注社会与政治的东西？

石黑：艺术家们应该时时刻刻问自己这些问题。一个作家，还有一般意义上的艺术家，在社会上占据着非常特别和重要的位置。他们要问的问题不是“应该还是不该”，而始终是“在多大程度上”“在特定环境下什么才是妥当的”。我认为答案会随着时间的变化而变化，取决于你所在的国家或者你所处的社会领域。艺术家们和作家们每一天都要这么扪心自问。

显然，如果你永远只是思前想后、举棋不定，这并不够。有一天你必须说：“不管这项事业多么地不完美，我仍然全力支持，因为其他选择糟糕透顶。”难就难在判断时机。写小说尤其有个好处，就是作家其实推迟到很晚才做决断也没什么不妥。小说的属性意味着它不适合用来前线宣传。如果你强烈反对某项争议中的立法，你大可以给报刊杂志写信，在媒体上写文章口诛笔伐。但小说的长处是它会被更深入地阅读，并且在很长一段时间内，一代又一代大有前途的人都会阅读小说。它的形式使它适合更根本、更深层和更普遍意义上的政治争鸣。我参加了一些以“无家可归”为主题的运动，但是我从来没有把任何内容写进我的小说中。

斯威夫特：你现在在写新的小说吗？

石黑：我正在努力。我已经从图书馆借了很多书。要花很长很长时间我才能真正开始动笔。真正写成文字我一年之内就可以完成，但前期背景调研工作要花很长时间。要熟悉自己即将涉足的领域，我必须或多或少地了解我的主题是什么，小说中的重心何在，我还要对人物角色略知一二……

斯威夫特：甚至在你还没动笔前。

石黑：是的。从那个意义上来说，我是个非常谨慎的作家。往打字机里塞一张白纸，等着头脑风暴后看会写出来什么，这我可做不到。我必须手上有一份清晰的规划才行。

斯威夫特：你觉得在写作中你是否忠实于自己的规划？

石黑：是的。而且越写越是这样。我的第一部小说可能没有。头两部小说创作之余我学到的经验就是主题统一。无论某个情节发展多么精彩，或者写作中你突然想到多么绝妙的主意，如果它无法服务于整体结构，你就必须扔掉，然后继续你期望追寻的内容。我在第一部小说中有过这样的经历，有些东西抢去了原本打算探讨的主题的风头。不过眼下，我开始渴望能像有些作家那样，我猜他们不按计划走而让作品在混乱中精彩纷呈。

斯威夫特：他们跟着感觉走。

石黑：在我的阅读经历中，两位作家被我奉若神明，他们是契诃夫和陀思妥耶夫斯基。在我的写作生涯中，到目前为止，我更希望像契诃夫那样：笔调简洁而精确，谨慎操控。但是有时候，我的确会羡慕完全混乱的状态，陀思妥耶夫斯基式的混乱。通过那种方式，他的确达到了你无法通过其他途径企及的高度。

斯威夫特：跟着计划走，你就做不到他那样。

石黑：是的。混乱本身有着重大的价值，因为生活本身就是一团麻。我有时会想，作品应该如此干净利落、条理清晰吗？把一部作品称作结构精妙是对它的赞扬吗？如果说一部作品有的地方前后不连贯是对它的批评吗？

斯威夫特：我认为关键在于它能否吸引住读者。

石黑：我想改变一下。我要去开发自己写作的另一面：凌乱、无序、散漫的一面。不像样的一面。

石黑一雄在多伦多

◎ 苏珊娜·科尔曼/1989 年

原载于 *The Brick Reader* (1991)一书，由琳达·斯柏汀和迈克尔·翁达杰编撰，石黑一雄授权转载。

石黑一雄 1989 年凭借《长日将尽》获得布克奖，这部小说的叙事者是一位上了年纪的英国管家，他在度假时回忆起了自己为二战前与纳粹暧昧不清的贵族服务的经历。

石黑的三部小说如出一辙，这部独白的讲述者同样毫不可靠，情感上也极为压抑。布克奖的评审们用了这样的字眼称赞这部作品："《长日将尽》带着幽默和感染力演绎了一位令人难忘的角色，探讨了庞大繁杂的阶级、传统和责任的主题。小说虽然小众，却广受欢迎。"称赞流露出的谨小慎微，诡异地与书中管家浮夸虚华的风格形成了呼应，使得《长日将尽》成为石黑一雄第一部滑稽之作。

他的小说处女作《远山淡影》勾勒出了一位寡居的日本女人的回忆，第二段婚姻中和英国人生的小女儿来到她位于英国乡村的家中看望母亲。她早年在日本有过一段婚姻，所生的女儿几年前自杀身亡。

叙事者的回忆不断地回到她在长崎的战后时光，回到她与另一个日本女人的友谊，这个日本女人陷入和一个美国男子蝴蝶夫人式的关系中不能自拔。一会是一则新闻，一会是根垂下来的绳子，一会是疯女人亲手淹死她的女婴的可怕故事，这些细节唤起了贯穿全书的自杀主题和谋杀孩子的主题。

石黑的第二部小说《浮世画家》选取了《远山淡影》中的一个次要情节

展开。故事的叙述者是一位名叫小野增二的画家，他全心全意地支持日本三十年代军国主义和民族主义的崛起，以至于最后向政府当局告发自己以前的学生造反。于是这位学生在战争年代落得个狱中度日的下场。

战后，不思悔改的画家不仅让家里的其他人难堪不已，也成了小女儿婚姻的一大障碍。和石黑迄今为止的所有作品类似，《浮世画家》描绘的是一位迷惘之人，带着深切而压抑的痛楚，在虚虚实实中竭力重现过去的努力。

石黑也写了些电视剧本，并且刚刚完成一部电影剧本的创作。这部名为《世界上最悲伤的音乐》的电影讲述了人们为了决出有着最悲伤曲调的民乐传统而举办的一场民乐大赛的故事。

石黑在多伦多接受了苏珊娜·科尔曼的访谈，三周后，他问鼎布克奖。

苏珊娜·科尔曼：你的第一部小说《远山淡影》写的是一位日本妇女陷入了与西方微妙而悲情，甚至是险恶的关系中。你的创作灵感从何而来？

石黑一雄：创作时我设想的是让小说探讨一下社会价值的颠覆和父母责任之类的主题。但是现在我认为，这背后有着更多情感上的动机，而且和我的个人经历有关。我出生在日本长崎，1960 年五岁时和父母来到英国。本来只是短暂的停留，结果逗留时间却一再延长。虽然没打算这么做，但我们全家还是在英国留了下来。不过作为孩子，我一直想着自己有一天会回到日本。所以我的脑海里有这样一个被我虚构得栩栩如生的国度。等到我差不多成年了，我才明白这个在我头脑中的日本，这个对我十分重要的国家，就算曾经存在过，如今也在现实中成了泡影。同时我也意识到，随着时光的流逝，这个地方正在我的脑海中慢慢消逝。

在人生的那一刻，我确确实实需要把它记录下来，从而重现情感上这一让我有着强烈想象动机的世界。我想这和我为何转向小说创作息息相关。这也是我没兴趣做传统调研来完善我想象中的日本模样的原因，虽然在当时我并不理解这一点。对此,我几乎是在据理力争,因为当年在我脑海中有一个日本,这才是需要我尽可能准确记录下的地方。

科尔曼:《浮世画家》很大程度上似乎脱胎于第一部小说,因为《远山淡影》中的一个人物好像一跃成为舞台焦点。第二部小说是这样开始的吗?

石黑:对的,大体上可以这么说。我认为一个新手作家的问题主要在于很难掌控小说。我很清楚人们创作第一部小说时很容易掉入一些陷阱,比如过多自传色彩,或者缺少某种聚焦。所以,我努力让自己完全了解我在书中的创作意图。然而在那个阶段,我觉得自己很难做到主题统一。在第一部小说中,许多原本只是作为次要情节的内容喧宾夺主。我会在某一刻某一页突然有了个看似绝妙的想法,也不考虑它会把我带向何方就写了下来。不知不觉,我已经几乎颠覆了我的真正意图。写完小说,我想:"好吧,这部作品对我而言最重要的一块结果却沦为了次要情节。"比如这位年长教师的故事,可以说他的职业生涯碰巧赶上了日本二战前军国主义的崛起,等到战后,退休的他发现自己不得不处境尴尬地重新评估自己的人生。我当时原本想要更深入地发掘这一部分内容的。

这也和新手作家的紧张有关。小说中许多最基本的东西让我惴惴不安,比如能不能填满足够的篇幅让它算得上小说,或者能不能抓住读者。为了让小说能写下去,我有着相当神经质的冲动要把所有内容一股脑儿丢给读者。创作第二部小说时我平静了些,如果一些想法——无论实质上它们多么有趣——和整体设计无关,我学会了克制,会说:"不行,我们不需要写这个。"

科尔曼:你似乎喜欢折磨读者,连着十几、二十页不交代清楚让人心神不宁的某个情节,吊足大家的胃口,一直等到最后读者才搞清楚到底发生了什么。

石黑:关键在于,尤其在后两部作品中,我没有按照线性情节安排小说结构。这确实让我在某些意义上有了极大的自由。我可以更加随性地创作。如果你去除了这条被称为“情节”的主干——这个相当指手画脚的东西会规定 y 必须发生于 x 之后——那么就会有许多其他因素掺和进来，左右情节发展的先后顺序。但是问题在于，要保持情节发展的某种势头。所以我认为，那只是制造某种悬念、确立小说结构的写作手法而已。人物为何会有这些记忆，他们为何要将这些记忆相提并论，对于读者来说，从这些角度来考虑人物所回忆起的林林总总也至关重要。我并不想暗示这其中有任何特殊的深层含义，我制造的悬念就是接下来要发生的事。

科尔曼：《远山淡影》之后，你似乎不大喜欢戏剧化的内容，至少表面上如此。你在《远山淡影》中使用了一些相当哥特式的效果，比如被谋杀的孩子们呈现出病态而骇人的画面。然而在《浮世画家》中，主人公从未与被自己冤枉的学生当面对质，这个学生也从未复仇。小说里的人物去世了，我们都是等到数月情感波澜不惊后才得知消息。

石黑：这和你作为作家的兴趣点有关。当然对于这两部作品，我感兴趣的是当人们试图对自己过去的某些经历妥协时，他们如何在内心为自己辩解。我不大在意发生了什么，吸引我的是像《浮世画家》里的画家或者《长日将尽》中的管家之类的人如何愚弄自己或是自我隐瞒。换句话说，情况是这样：人一方面要求一定的诚实，另一方面又要隐瞒真相。由此产生了戏剧效果，而不是错综复杂的内容。

科尔曼：你说过，你不喜欢为小说做很多研究？

石黑：我做的也算是研究。但是你知道的，我认为小说家所做的研究和通常意义上的研究相去甚远。我觉得我必须对小说发生的虚构场景了如指掌才行。我要研究的对象就是那样的场景，而不是任何真实的历史或者真实的国家。为了创作《长日将尽》，我读了很多仆人写的记录，为的就是让我有虚构的底气。同样，我读了很多那个时代的政治评论，这样我就能体会到当时甚嚣尘上的争论背后的大环境。如果我能有点背景知识,我会更加自在,那样我就知道能给自己多少发挥的余地。

科尔曼:我这种人很难判断你笔下的日本是不是虚构,因为看上去,它并不比谷崎润一郎描绘的日本更让人震撼。但是我知道你笔下的英国是虚构的。对于你这个年纪的人来说想象出这样的英国有些奇怪——这是一种陌生的伍德豪斯式的生活。

石黑:这是有意而为之。我希望把小说设定在神秘的氛围中,一定程度上这和眼下怀旧产业大肆宣扬的神秘英伦有相似之处。这样的英国,是绿意盎然的怡然之地,有着树木繁茂的小路、气派的乡村别墅、彬彬有礼的管家、草坪上的下午茶,还有板球运动,这样的英国实际上在许多人的政治想象中扮演了重要的角色,不仅仅是英国人这么想,世界各地的人们都有着类似的想法。

我认为这些幻想的景致十分重要。我觉得我完全有理由去稍微重新定义那样一个神秘而惬意的英格兰,去告诉大家其实它着有不为人知的一面。在某种意义上,我想从严肃的政治维度重写 P. G. 伍德豪斯笔下的英格兰。

科尔曼:P. G. 伍德豪斯笔下的管家最终走下楼,卷起袖子,和厨房的女仆调起了情,这和你写的大不相同。那就是《楼上,楼下》的部分场景:仆人们最终抛下了责任。所以史蒂文斯绝对的纯粹吸引了我:他是个为了自己公众形象的尊严而完全放弃自我的人。

石黑:嗯,他是一种隐喻,因此是有些夸张的。他是个怪人。没错,就像你说的,他希望否认自己人性的一面。这个故事说的是一个——在我看来——误入歧途、雄心勃勃地要实现某种理想却为此付出了巨大代价的人。他实际上失去了自身非常关键的一部分:也就是爱的能力。英国管家那种模式化的形象,举世皆知,所以我认为可以很好地用来象征人们对自我情感的恐惧心理,寓意着人们会把富有情感等同于弱点,拼命否认情感中爱的能力和忍受力。这个管家对我来说，也隐喻了普通人和政治权力的关系。他承担着这两个鲜明的隐喻功能。

科尔曼：你所有的三部作品里，人物情感都是非常压抑的。这些作品在我看来大多围绕人们无法对外人言说的东西展开，围绕着沉默展开。

石黑：是的。我认为尤其在上一本书里，我更有意把它当作主题。前两本书中，仅仅只是形式上如此。正如你所说，这些书中不曾言说的内容与业已言说的内容同等重要，而且某些情感的强烈正是通过省略而不是直抒胸臆表达出来的。我认为在第三部作品中，我试图把这一状况当作主题的一部分来处理。

科尔曼：你的作品在日本反响如何？

石黑：他们很好奇我的个人情况，对我的书倒没有多少兴趣。第三部作品在日本的读者面实际上要广一点，这有点反常，因为书是以西方为背景的。日本人对于讲述战后日本，而且还是某个好多年没在日本生活过的人所写的书感到索然无味，因为这是他们许多年前经历的，现在他们的兴趣已经转到了别的东西上。

但是他们对我这种现象却饶有兴趣。他们仍然喜欢认为日本人有与众不同的一面，而且他们觉得，某人看上去是日本人，其实却非我族类，这是件令人惶恐的事。

科尔曼：就我们目前所谈而言，我认为你的《长日将尽》没有什么滑稽的地方。

石黑：这正是一直让我苦恼的：小说的笔调意味着它是一部无聊、沉重的沮丧之作。我很高兴我们之前提到了伍德豪斯这样的人，因为在某种程度上，就像我之前所说，这是我进军新领域的尝试，这个领域里就包括轻松的笔调和幽默。

我认为没有幽默感的人是有点滑稽的。主要我认为，对我而言，滑稽的东西同样也是悲剧的。书中有一些闹剧镜头,但是让我感兴趣的幽默源自他所处的荒诞而悲哀的境况。

科尔曼:你读过很多日本文学吗?

石黑:我只看翻译版本。我看不懂日本汉字。我和西方文学下长大的普通西方读者一样常常闹不明白。

西方人接触最多的就是像三岛由纪夫和谷崎润一郎之类的人,因为这些人自己也部分地受到西方文学和思想的深远影响。但是像川端康成这样的传统作家——他也是日本唯一的诺贝尔文学奖获得者——我就觉得读起来特别艰深。我们之前讨论过不要过多依赖情节,而川端康成的东西有时候是完全没有情节。显而易见,读者被要求理解的是完全不同的东西。我觉得其实我没有看懂他要表达的内容。

日本电影又是另一回事了。从本质上来说,日本电影导演相当关注西方的影响。话虽如此,我认为伴随着铺天盖地的好莱坞传统,日本电影也在自己的传统中成长起来,甚至还教会了好莱坞许多东西。尤其像黑泽明和小津安二郎之类的导演成了好莱坞效仿的对象。我一直非常喜爱的电影中有些就是日本影片。

科尔曼:前两部作品中我注意到了人物角色在身份间来回切换所产生的双重效应——两个人物中到底谁说了这些,我们此刻到底在注视哪个孩子?第三部作品变成了时间的切换:她在什么场合下说了这些?小说中总是充满前后呼应和反思。

石黑:我认为这样写并没有什么特别深刻的意义。我试图捕捉的是回忆的特质。我需要不断提醒读者,回忆并不只是表述过去的一种客观写作手法。这是人们在当下的情感状态下对特定记忆的思忖。我喜欢这些事件有着模糊不清的边界,这样你就不大确定这些事是否真实发生过,你也无法肯定叙事者在多大程度上有意美化了这些内容。这样做也很方便。你只需借人物之口说出:“好吧,也许并非如此,也许是这样吧。”便可以从一个场景切换到另一个。这是非常简便的场景切换方式。

科尔曼：你有任何特别想被问的——关于作品或者整个职业生涯——但是还没有人问过的问题吗？

石黑：没有。我接受访谈是因为这是现在出版的方式，也是我工作重要的一部分。但是我没有到处谈论自己的作品的强烈欲望。我已经花了很多时间在书中表达了这么多。我有点抗拒回到台上，然后说："哦，顺便说一下，这一点你们应该这么来看。"

科尔曼：你并不真的喜欢采访。

石黑：我不是不喜欢。嗯，我认为访谈有非常有趣的一面，这些被问到的问题可以让你对自己的作品有更深入的了解。很多人问了你问题，如果他们都聚焦于某一特定领域，而你作为作家先前却没有认识到这一块值得研究或者有争议，这些问题累积起来就会让你了解到作品如何被解读。

举个例子来说，直到上一部作品面世后，我才意识到叙事风格的性质问题。叙事风格的性质是许多提问都会关注的内容。你的滑稽风格从何而来？

访谈另一个有趣的地方在于你可以去不同的国家。国家不同，经常侧重点也会不一样，这会让你了解不同的国家文化，因为书自然是同一本书。只是阅读阐释的方式不一样。

科尔曼：你能举个例子吗？

石黑：我去德国宣传《浮世画家》的时候，大部分问题都和法西斯有关。他们希望把日本面对战争和军国主义/法西斯主义经历的方式与德国相比较。我不是特别喜欢在德国讨论我的作品，因为他们似乎没有把它当作虚构文学来阅读，而似乎将其视作某种辩论的延伸。

在英国，情况几乎相反。人们不关心说了什么，只是把它视作一种外来的东西，他们比较起了日本的绘画和书法，谈论起锦鲤在静谧的池中嬉戏。我会听到日语里各种各样的陈词滥调，甚至还有相扑。

科尔曼：在你推介作品的过程中，很多像我一样的人会问到与作品完全无关的个人问题。这会让你觉得很烦吗？

石黑：我擅长坚守一定的底线。但是，不知怎的，如果你写了一本书，人们会认为他们理所应当可以问你非常私密的东西，比如你的过去，还有对家人的情感。在我看来，眼下更讨厌的是现在很多人做了采访后会扔掉采访，添油加醋写一些非常尖刻、恶意的内容。

科尔曼：你遇到过这样的情况？

石黑：那倒没有。目前我还没被这样攻击过。我可能是伦敦文学界中特殊的那一个，树敌不多。就在不久之前，作家还是个相当粗鄙、毫无体面可言的群体，也挣不了很多钱。那时候唯一想采访他们的人来自严肃文学圈。但出于某种原因，社会对于作家的看法发生了变化，他们变得熠熠生辉，也就和政客、演员和其他公众人物一样失去了被温柔以对、平等相待的权利。

这让我忧心忡忡，因为公众的关注对文学的好处就在于可以推广作品，让人们潜心阅读，但是如果售卖和探讨作品的氛围每况愈下，那我们还不如不要这种关注。这会让作品有一批错误的支持者，也会被人错误地解读。这可能会影响作家写作的方式。我认为这是个不好的势头。

现在我经常听到作家们抱怨自己的时间被推广侵占，他们的时间都花在了文学聚会之类的事情上。如果你一直要这样的话，你很难让自己走进虚构的世界。一不小心，你其实就沦为了职业的参会者，一个整天东奔西跑谈论作品的人。这样会破坏掉让你写作的初心。

科尔曼：你认为自己会写一部非独白的小说吗？

石黑：哦，希望如此。我认为对于作家来说，继续发展很重要。我想，如果评论界一直盛赞你在某些领域的才干，就会有种危险，你会因为要离开这些领域而胆战心惊，畏畏缩缩。我没有完全决定要不要放弃独白，但是我确实觉得自己想写一本别样风格的作品，带着不一样的笔调。我才刚刚开始我的职业生涯。我不想永远写老人以简洁而轻描淡写的口气回首自己的生活。

我很崇拜两位作家，一位是契诃夫，一位是陀思妥耶夫斯基。迄今为止我的作品，尤其是后两部，我认为可能都是受契诃夫的影响。但是我想，有时候我也希望自己写的东西杂乱无章、粗糙无序，却又因为不完美而精彩纷呈，就像陀思妥耶夫斯基那样。这是未来我希望自己能探究的写作的另一面。

科尔曼：你认为你是否会创作一部小说，里面的人物以第二人称而不是第三人称称呼自己的父亲？

石黑：这取决于我们要写的是什么样的人物。在日本文化下，人们很自然地就会以第三人称称呼自己的父亲，那样做并没有故意压抑情感。非常西式的观点才会认为这有任何古怪之处。如果你问我是否会风格突变，是否会写一本关于意大利家庭内部互相间大吼大叫的作品，我没法回答。显然，你所写的内容来自内心深处，那是你作为人传承下来的东西。我生长背后的环境就是两种文化，一个是日本中产阶级，或者更严格地说，是日本武士背景，另一个是英国中产阶级背景：两种文化，显而易见，都高度推崇英国文化中常说的“沉默寡言”。

这并不仅仅是坚忍，这是表达情感的不同语言和不同方式。我很喜欢在写作中通过未曾言说的内容去营造效果，加强情感，制造张力，喜欢发掘有所隐瞒的语言，而不是那种在字面意义之外还可找寻其他意思的语言，虽然我很喜欢阅读后一种作品。历史上有些杰出的作家，努力篡改语言，寻求寻常表达和日常语言以外的东西，他们这样做有其过人之处。

但是当然，语言也有其他的作用，语言可以隐藏和压制，欺骗自我和欺骗他人。到目前为止，我认为，我一直探索的都是这样的语言，尤其是自我欺骗的语言。

当今世界的小说家:对话

◎ 石黑一雄和大江健三郎/1989 年

原载于《边界 2》,第 18 期(1991 年秋季刊)。杜克大学出版社和石黑一雄授权转载。

1954 年,石黑一雄出生于日本。五岁时,因为身为海洋学家的父亲受邀参加英国政府的研究项目而来到英国。他在英国的学校读书,毕业于肯特大学,专业为英语文学。之后在东英吉利大学研究生院攻读创意写作。他的小说处女作《远山淡影》(伦敦:费伯出版社,1982)一举将英国皇家学会文学奖收入囊中,第二部小说《浮世画家》(1986)获得惠特布莱德年度最佳小说奖,最新力作《长日将尽》1989 年问鼎了英国最负盛名的文学奖——布克奖。大江健三郎 1935 年出生于四国岛,是日本当代小说家中的领军人物。他的知名作品有《万延年的足球队》(东京:株式会社新潮社,1973;由约翰·贝斯特译为《无声的呐喊》,株式会社讲谈社国际部,1974)、《同时代的游戏》(东京:株式会社新潮社,1974)和《新人呵,醒来吧》(东京:株式会社讲谈社,1983)。

本次对话时间为 1989 年 11 月,当时石黑一雄因为日本国际交流基金会的短期访问项目三十年内首次返回日本,谈话内容最初刊登在《日本国际交流基金会简报》第 17 卷第 4 期。

大江健三郎:我们知道你的父亲是一位海洋学家,但准确地说,他专攻的是海洋科学的什么领域?

石黑一雄:他是一位海洋学家,但严格来说并不是海洋科学。他研究的是波浪模式。他的工作与潮汐和波浪有关。六十年代他的专长契合了英国政府对北海的研究，在当时，这个地方因为石油引起了英国人浓厚的兴趣。

大江：但是当我拜读你的《浮世画家》时，给我留下了深刻印象的是你对日本生活、日本建筑和风景的精彩描绘。我想问的是：你从何处获得这些关于日本风景和日本人物的基本知识，它们又在多大程度上是你想象力的产物？

石黑：好吧，我认为书中的日本很大程度上是我个人虚构的日本。这也许和我的个人经历息息相关。我们全家从长崎搬到英国时，最初只是打算短暂停留，也许是一年，也许是两年。作为小孩子，我被带离了我所熟悉的人，比如我的祖父母和朋友们，而且大人们让我相信自己有朝一日是会回到日本的。但是家人不断延长逗留时间。在我的整个童年，我始终无法忘记日本，因为我必须一直做好回去的准备。

所以长大后，我的头脑里有着非常清晰的“他国”形象，这个举足轻重的“他国”形象与我有着强烈的情感关联。父母试图让我继续接受这方面的教育，这样可以为我返回日本做好准备。所以我收到了很多书和杂志之类的东西。当然，我并不了解日本，因为我没来过这儿。但是在英国的时候，我不断丰富脑海里的这幅画面，换句话说，就是虚构的日本。

我记得等我到了大概二十三四岁的时候，我意识到，这个对我来说分外珍贵的日本其实只存在于我的想象之中，部分是因为真正的日本从1960年开始已经发生翻天覆地的变化。我明白这是我童年的地方，而且我永远也不可能回到这个特别的日本。所以我认为自己转而创作小说的真正原因之一，就在于我希望重新构建这个日本，它是一个融合了我对于这片叫作“日本”的土地全部回忆和想象的地方。我想把它保存完好，在它完全从我的记忆中消失前，把它封存在书里。所以创作——比如《浮世画家》时——我对于翻故纸堆并没有多少兴趣，我希望付诸笔端的是我头脑中想象出的那个日本。在某种意义上，我其实并不在意我的虚构世界与历史现实是否吻合。我强烈地感觉到,这才是我——一个创作虚构艺术的作家——所应该做的:我应当创造我自己的世界,而不是对着现实的样子照搬照抄。

大江:这看起来是对作家想象力如何形成非常具体的说明。在我的《无声的呐喊》中,我谈到了四国岛。我在岛上的一个小山村里出生、长大。十八岁那年去了东京大学学习法国文学。结果,我发现自己完全切断了和小山村的联系,文化上和地理上都是这样。那时,我的祖母去世了,母亲也日渐衰老。我们村子的传说、传统和民俗正在慢慢消失。与此同时,我身在东京,想象并试着回忆起那些东西。试图回忆和试图创造的举动开始重叠。那就是为什么我开始了小说创作。我试着用我学到的法国文学的方法去把它们写下来。读着你的小说,思考英国文学的历史,我有种强烈的感受:就写作手法而言,你是一个站在英国文学史最前沿的小说家。

我感兴趣的是《浮世画家》以描写一所大宅子开篇,通过那所宅子读者得以进入小说世界。《长日将尽》同样从描写一幢府邸开始。从小说切入的方式来说,它和前一本书有很大程度上的重叠。我很容易就看到了两部作品——《浮世画家》和《长日将尽》——是如何关联的,又是如何从一部作品发展到另一部作品的。我把两部作品放在一起阅读,注意到了这处重叠,我自忖道:这一定是个伟大的作家。

石黑:过奖了。我很感兴趣你提到自己与四国岛的过去切断了联系。你的意思是说记住过去或者与过去保持联系的渴望事实上对于你成为作家至关重要?

大江:我有本书,是刚刚由伽利玛出版社出版了法文译本的《M/T森林里神奇故事》。M代表女家长,T代表的是骗子。不久前,我写过一本叫作《同时代的游戏》的书,讲的是村子里的神话故事和村子里的一方世界。当我创作《M/T森林里神奇故事》时,我又一次聆听祖母谈论她的宇宙哲学，并且用她的原话把内容忠实地记录下来。事实上，我们村庄的历史已经消亡。几乎没有人还记得什么。比如，村子里有个地方是很多人在一场暴乱中被杀戮的地点，但是已经没有人记得这回事了。我的家人，尤其是我的祖母却还记得非常清楚，他们告诉了我这一切。我听着这些故事在小山村里长大，一直到我十四岁。之后我搬到了城里，完全断了联系，与此同时，这些故事就慢慢消亡了。所以，如今只剩下我还记得那个村子里神话的主要内容了。这就是我现在想写的。我想写一本书去总结或者终结到目前为止我的所有作品。前面提到的那些内容将会成为这本书的主题，眼下，它们对我来说举足轻重。

石黑：我希望英译本很快会面世。我十分期待阅读这部作品。拜读《无声的呐喊》时，我觉得这本书非同寻常，原因之一就是作家通常很难与个人生活中触动和烦扰自己的事情保持一定的距离。这本书看上去就是那种类型的作品，然而你却把分寸拿捏得很好，保证了艺术上的严谨，因而成了一部对所有人都有意义的作品，而不再仅仅只是有关大江先生的。你的行文带着一种幽默，带着独一无二的语调，这给我留下了深刻的印象。这和大多数西方文学主要依赖玩笑而产生的幽默大相径庭。你的作品中每一样东西都有这种独特的幽默感，总是近乎悲剧——这是一种黑色幽默。这种写法使得与你息息相关的事件尽在你的掌控之中。艺术家大江先生总是能掌控自己的作品。但你认为这种幽默是你写作中独有的，还是源自更广义上的日本传统？

大江：你这么问很有意思，因为我觉得你的独特之处正在于你很好地掌控了与作品所展现的年代和人物间的距离。这些作品全都有着鲜明的风格，虽然从更深的层面来说，它们彼此关联。所以很感谢你对于我作品中笔调和距离的评价。

我认为你刚刚提及的幽默问题非常重要。这是我区别于三岛由纪夫的地方之一。三岛由纪夫深深植根于日本文学传统，而且还是传统的中心——东京或者京都之类的城市传统。我来自更偏远的传统，是四国岛那样的偏远角落。那是个极其古怪的地方,有着悠久的虐待传统,属于传统文化鞭长莫及之地。我认为我的幽默就是居住在那样一个地方的人才会有的幽默。三岛由纪夫对于他的幽默信心满满,那么准确来说,他的幽默是中心的幽默,而我的幽默是边缘的幽默。

石黑:你对三岛由纪夫的感受让我觉得很有意思。在英国,经常有人问到我三岛由纪夫——应该说是一直,记者们都会问。因为我的日本背景,他们指望我是三岛由纪夫专家。三岛由纪夫在英国家喻户晓,或者说在整个西方都是如此,主要因为他的死亡方式。但是我也怀疑,这是否因为三岛由纪夫在西方的形象证实了西方人对于日本民族的某些成见。这就是我说他更容易被西方读者接受的部分原因。他符合某些特征。当然,其中反复提到的就是切腹自杀。他在政治上非常极端。问题在于三岛由纪夫在西方的整体形象并不能让西方人对于日本文化和日本民族形成正确的认识,反而让人们固守偏见,不肯改掉对日本人非常肤浅的刻板印象。许多人似乎在某种意义上把三岛由纪夫视作典型的日本人。当然,我从来不知道该如何回应,因为我本人对三岛由纪夫也知之甚少,对现代日本知之甚少。但这就是我得到的印象——在西方,他被用来印证一些相当负面的成见。我想知道你对三岛由纪夫和他的死亡方式的看法。这对日本人民来说意味着什么?对于你这样一位声名显赫的作家来说又意味着什么?

大江:你刚刚关于三岛由纪夫在欧洲接受情况的评论非常准确。三岛由纪夫整个一生,当然包括切腹自尽的死亡方式,就是一种意在展现日本人典型形象的表演,并且这一形象不是日本人自发的心态,而是欧洲视角对日本人的肤浅勾勒,是一个幻想。三岛由纪夫真实地上演了这一形象。他严格按照这一形象创造了自我。那是他生活的方式,也是他死去的方式。爱德华·萨义德教授用"东方主义"来指称欧洲人对东方人的看法。他坚持认为,东方主义就是欧洲人的观点,与真实生活在东方的人毫无关系。但是三岛由纪夫的观点截然相反。他说你眼中的日本人就是我。我想,他是希望通过完全按照这一形象生和死来展现出一些东西。他就是那样的人,那也是他在欧洲和整个世界享有文学声誉的原因。

但是三岛由纪夫事实上呈现的是虚假的形象。导致的结果就是,大多欧洲人对于日本人的看法有两个极端,一个极端是三岛由纪夫,另一个极端是像索尼董事长盛田昭夫那样的人。在我看来,两个极端都是错误的。但是如果情况是这样的话,我们上哪才能找到日本民族更准确的形象呢?回到你的作品《浮世画家》里,书的结尾场景中有许多年轻的日本职员,画家小野满怀欣慰地注视着他们。我认为真正生活在日本的就是这样一群年轻人,是一群能给日本经济带来繁荣的人。当然,三岛由纪夫没有讨论过他们。而像我这样的作家,由于对日本持有负面的观点,也没有捕捉到他们。所以我认为你的小说在改善欧洲对日本人的看法方面起到了良好的作用,就像是一种针对三岛由纪夫形象的解毒剂。

我想问一个问题。无论是读你的作品还是和你聊天,人们完全不会觉得这是个在日本出生的人。就我最喜爱的作家康拉德而言——在我看来,他是个完美的小说家——人们会强烈感觉到他是个真正的英国作家,也是个真正的欧洲人。在你赢得布克奖的那天,日本媒体报道了你对萨尔曼·鲁西迪的评论[①]。很多人都被那些评论打动,其中就包括我自己。我们觉得他是真正的欧洲作家,有着真正的欧洲性格,这就是真正的欧洲智慧。

日本人自己希望被看作是爱好和平的、温顺的,就像日本艺术,比如风景画之类。他们不希望被看作经济帝国主义者或者军事入侵者。他们希望别人想到日本的时候会联想到花卉画,一种非常恬静美丽的东西。当你的书第一次在日本出现时,它们就是那样被介绍的。你被形容成一位安静而平和的作家,因此是一位非常日本化的作家。但是从一开始,我就对此表示怀疑。我认为这是一位坚忍且有智慧的作家。你的风格始终

① 在布克奖的获奖演说中,石黑一雄提道:“今晚最好不要忘记萨尔曼·鲁西迪,忘记他发现自己身处的令人惊恐的境地和苦难。”

都是双重结构，有着两个或者更多的彼此交融的内容。事实上，你的作品一次次地证实了我的想法。我同时觉得这种力量并不十分日本化，相反，这个人应当来自英国。

石黑：好吧，我没有试图要做一名安静的作家。这实际上是技巧问题，而不是别的。我的作品表面上看起来风平浪静——没有很多人被杀之类的事情发生。但是对我来说，它们并非安静的作品，因为它们探讨的是最让我困扰的内容，最让我担心的问题。它们对我来说绝非恬静。

至于身为欧洲作家的问题，我想一部分原因是我对日本不甚了解。所以我被迫以更为国际化的方式写作。如果 1960 年我离开日本后经常回去，在成长的过程中更加了解日本，我想我也许会深感自己肩负更大的责任，要去以这样或那样的方式再现日本人民，换句话说就是成为日本在英国的某种代言人。但事实是，我没有回日本。这是三十年里我第一次回到日本。我非常清楚地意识到自己对于现代日本所知甚少，但是我仍然在创作以日本为背景的作品，或者是可能以日本为背景的作品。在我看来，正是因为我缺少对日本的权威性和认识才迫使我不得不利用自己的想象，同时把自己视作一个无家可归的作家。我没有明显的社会角色要去扮演，因为我既不是非常英国的英国人，也不是非常日本的日本人。

因而我没有明确的角色，也没有社会或者国家要去代言或为之书写。没有任何人的历史是我的历史。我认为，这必然推动我尝试国际化的写作方式。我起初就是利用历史。我会在历史书籍中搜寻，就像电影导演为自己已经写好的剧本寻找外景地一样。我会在历史长河中找寻最契合我的写作目的或者我想书写的历史瞬间。我明白自己对历史本身并无太多兴趣，我利用英国历史或者日本历史只是为了讲清楚自己关注的东西。我想，这使得我成了不真正属于任何一方的作家。无论是日本历史还是英国历史，我都没有强烈的情感关联，因此我可以利用它服务于我的个人目的。

大江先生，我想知道：你是否认为自己对日本民众在海外如何被看待负有责任？你在创作时是否意识到国际读者的存在，意识到你的作品会如何影响西方人对日本的看法，或者你从来没想过那样的问题？

大江：我曾接受过一家德国电视台的采访。采访者将我的一本书译成了德文。他问我，作品被译为德语对我而言是否至关重要。我的回答是不重要，当时演播室立刻陷入死一般的寂静。我之所以说不重要，只不过因为我的书就是写给日本读者的，而不是写给外国人的。而且，我心中的日本读者是个数量有限的群体。我是为我同时代的人而写作，这些人和我有着同样的经历。所以当我去国外，或者在国外被译介或是被批评，我都觉得无关紧要。我感受到的责任对象是日本读者，是和我生活在同一方天地里的人。

从读者的角度来说，外国文学于我而言十分重要。威廉姆·布莱克对我就很重要。我根据布莱克写过一本书，另一本是基于马尔科姆·劳瑞。还有一本书写的是一个居住在乡村的但丁研究专家。关于但丁，我在方方面面都受到了贵国学者的影响。所以在那个意义上，外国文学对我影响深远。比如我就读了你的英文版作品。但我仍然认为我的创作对象是日本读者。我觉得自己有一份无法摆脱的责任，尽管这样的观点也许有失偏颇。很自然地，我相信真正的小说家是国际性的，就像你这样。具体到你而言，当然了，我认为除了国际性，你也非常英式。在《长日将尽》中，你找到了能够很好地描绘出英国人和美国人的视角。这样的视角与日本人抑或是中国人的视角截然不同。从某个视角，我们可以看懂英国人，也可以看懂美国人。那样的视角就是你的风格。我认为这种作家就是真正的欧洲作家，从本质上来说就是国际性的。所以也许和三岛由纪夫比起来，我是个更日本的作家。我本人希望更年轻的日本作家会发现更国际性的观点或者视野。

石黑：作家认为自己所针对的读者和事实上作家所面向的读者之间的关系从来剪不断、理还乱。许多伟大的经典作家，无论是古希腊还是别的，都不知道自己最终会面对一群来自迥然不同文化的读者。也许柏拉图仅仅为那个年代居住在雅典的人们写作，但是多年后我们当然是在完全不同的文化中阅读他的作品。有时候我担心,作家意识到自己面对的是国际读者其实会产生反作用,这样一来文学中相当重要的东西实际上可能消失了,因为人们弱化了自己的艺术本能。这和大众营销差不多。

尤其因为这是个美国文化——或者你可以称之为英美文化——在整个世界无所不及的时代,无论是在亚洲、拉美,还是其他地方。这一文化似乎不断发展壮大。也许作家完全不担心读者对象的问题才是最重要的。你自己,大江先生,也许认为你仅仅为同时代的人写作,为日本人写作。但是你的作品却被这个群体以外的许多人阅读。人们希望翻译你的作品。看起来,随着时间的流逝,你的声望在这个世界不同的角落日益增长。这表明一个人可以只针对很小的群体写作,但如果作品强大而真诚,它就会有广泛的、国际性读者群。

另一方面,我知道许多作家有意识地创作为翻译而生的小说。当然没有人特别希望阅读这样的作品,因为它们失去了集中针对小范围读者群体而产生的原生力量。也许一个作家是否国际化并非作家本人可以操控。这几乎是个偶然。但是我认为,不管作者是否有意为小范围读者书写或是针对更大的人群,通常一部作品越深刻,揭露的真相越深刻,作品就越有可能国际化。你觉得日本的年轻作家是否忧心于自己的国际化问题?

大江:昨晚的《朝日新闻》有一篇文章谈到小说家村上春树的翻译作品在纽约受众甚多。文章引用了《纽约时报》的一篇评论,大致意思是,如今想象环太平洋文学是有可能的。

过去的一周我一直在想你是个什么样的小说家。我的结论是,你并不是一个英国作家或者欧洲作家,你是一个用英语写作的作家。就为文学提供素材而言,英语语言有着无穷的力量。出于某种原因,世界文学的创造力一直与英语密切相连,尤其在小说创作领域。只要一个作家使用英语,他可以离开英国依然是一名伟大的作家。劳伦斯便是这样,劳伦斯·德雷尔,还有 E. M. 福斯特亦如此。我觉得如果这样来看待你,也就是把你视作英语作家，我就抓住了关键。相形之下，村上春树用日语创作，但是他的作品并非真正的日式。如果把他的作品翻译成美式英语，纽约人会非常自然地阅读起来。我怀疑这种文风并不是真正的日本文学，也不是真正的英语文学。但是事实上，一位年轻的日本作家在美国读者众多这件事，我认为对于日本文化的未来是一个良好的征兆。年轻的日本作家已经斩获了我从未赢得的成就，这点连三岛由纪夫或者安部公房也没有做到。

石黑：我认为我也有同样的担忧。我听过欧洲知识分子乔治·斯坦纳的讲座，他在剑桥，在英国相当有名。我认为你应该对他的许多想法并不陌生。长久以来，他一直担心世界文化被日益壮大的英美文化的大毯子所吞噬，直至消亡。中国，当然还有日本这儿的科学论文的原文常常要用英语来写，因为要在会议上宣读，而英语是唯一能被理解的语言，对此他十分不安。共产主义国家中的年轻人会听最新的西方摇滚乐，这也让他深感不安。他非常担心某种文化因为这块平淡而沉闷的、被称为“英美主义”的巨大毯子在全世界铺天盖地而消失殆尽。为了存活下来，人们不得不牺牲许多让自己的文化独一无二的东西，而事实上这些东西才让他们的艺术和文化变得有意义。但他们转而为这块毫无意义的毯子、这个正在征服全世界的怪物添砖加瓦。

我认为这点十分值得关注。当然，和我同时代的英国作家也许并不大操心这种事情。我们这一代可能担心的是相反的问题，也就是不够国际化。我认为这当然也是一个我们都必须思考的问题。我觉得如果我们都为同一种文化作出贡献，都面向同一类读者，这会变得很奇怪，我们最后就变成了国际性的电视节目。当下许多电视节目相当肤浅，但它们够国际化。如果文学和严肃艺术为了变得国际化而走上了相同的道路——目的是为了迎合最庸俗的下里巴人——这是件可悲的事情。

英国的年轻作家感觉到英国不再是个重要的国家。老一辈的作家认定英国无比重要，所以对他们而言，如果你写到英国和英国问题，自然而然地就有了全球意义。年轻一代的英国作家十分清楚这已不再是事实，英国现在更像世界上的一个偏僻小镇。有些年轻点的英国作家因此会有自卑情结，也就是说，他们不得不有意去努力探讨国际话题，因为如果他们仅仅只是写英国的生活，没人会感兴趣。也许美国或者日本不存在这样的情绪，因为人们强烈地感觉到这两个社会如今是世界的中心，二十一世纪将会被这两大强国主宰。但是当然，生活在英国的我同样感受到这种的压力——我必须做到国际化。否则我就会和丹麦或者瑞典的作家一样处在非常边缘的位置，因为如今的许多重要问题都绕开了英国。在某种意义上，我认为日本作家基于历史前进的方向，就无需有这种自卑感。

大江：当然，我并不反对日本因为无线电和汽车变得越来越富有这个事实。我没有小汽车，但是我确实有台收音机。不过，我也的确认为经济状况与文学状况无关。相反，我认为日本作家应该清楚地意识到日本文学仍然非常边缘。当边缘文学试图成为中心文学时，它会试图异域化。我认为三岛由纪夫试图创造的就是异域化的文学。但我觉得那样的尝试大错特错。看似矛盾的是，如果日本作家在边缘文学中表达日本人所关注的问题，他们倒有可能在世界文学中有所作为。

我熟悉乔治·斯坦纳。他似乎非常热衷于事物正在消亡的想法——起初是悲剧，现在是文化。我认为把英美文化比作一块覆盖世界的巨型毯子是他很精彩的观点之一。我实际上并不同意你所说的英国就世界经济和国际关系而言是个边缘国家的说法。我相信从文化来看，英国仍然在世界上占据着非常重要的位置，并且未来会继续如此。展望二十一世纪，在我看来，日本不会仅仅因为它的经济实力而成为文化中心。我不相信美国文化或者苏联文化的代言人将会实力超群，一骑绝尘。在二十一世纪，我认为看似边缘的小国反而会有零星作家和学者的言说将在世界文学中扮演重要角色。一个例子是小说家伊塔洛·卡尔维诺，他前几年不幸去世。他原计划在哈佛大学作梅隆讲座，直到动身去往美国的前一天去世，他一直都在为讲座准备讲稿。他的讲稿被译成英语，题为《未来千年文学备忘录》。阅读的时候，我认为这部出自意大利——一个在经济和政治上都处于边缘地带的国家——的小说家的作品包含了一些将会在下个世纪有着核心意义的东西。另一个例子是捷克小说家米兰·昆德拉，他如今流亡法国。但是读到——比方说——他的作品《小说的艺术》末尾那篇以色列演说时，我认为我们找到了一个作家如今应当如何生活和行动的最核心的表达。所以我觉得日本作家必须明白的是，应当思考身为一个受文化熏陶的亚洲小国的代表，怎样才能为世界文化作出贡献。更重要的是，他们应当不靠商人或者政客的帮助做到这一点。他们必须以作家的身份，独立开拓通往英国或者法国的路。

石黑：我想就我前面的评论补充一下。并不仅仅因为英国经济实力的式微，我才认为英国作家有一种身处边缘的感觉。我并不认为这和经济实力有多少关系。事实上，我认为，在某些方面恰好相反。

来自英国的作家，在一定程度上，还有来自德国和法国的作家——而且我本人也有这样的经历——参加国际作家会议时，与来自非洲或者东欧或者拉美这些地方的作家比较起来，莫名会自觉低人一等，因为许多伟大的智力争斗中——比如自由和专权政府之间，或者共产主义和资本主义之间，抑或第三世界和工业化世界之间——不知为何，这些国家似乎都成了前线战场，因而像昆德拉这样的作家，或者一些非洲作家，似乎就有着更清晰的角色。整个东欧国家的作家总是有某种明确的政治角色要扮演。这个假设可能大错特错，却很容易被我们这些来自局势更安全国家的人接受，这些国家包括英国、西德或者法国这样安定而繁荣的国家，尽管对于西德人来说局势已经瞬间风云突变。

就这个世纪发生的真正举足轻重的事件而言，如果我们从历史角度以二十世纪下半叶的英国或者瑞典或者法国的视角写作，那我们就是在与这些重大事件相距万里的地方写作，我们不知何故就缺少捷克斯洛伐克、东德、非洲、印度、以色列或者阿拉伯国家作家天生的权威。我想这就是产生自卑情结的原因吧，而不仅仅因为英国不再像过去那样是一支重要的经济力量。当然，英国仍然算是一支重要的经济力量，但是就几场对于二十世纪下半叶至关重要的伟大的智力争论而言，我们会感觉我们这些身处英国的人是置身于错误的地方作壁上观。

英国作家感到自己必须旅行，或者至少在自己的想象中旅行，也许这是件好事。所以我认为英国作家的年轻一代会比老一代更倾向于创作不以英国为背景的小说，或者至少不以自己身处的那个年代为背景。他们会回望历史，找寻英国深陷危机的年代，这样一来战争就变得尤为突出。或者他们会利用自己的想象力创造完全虚构的景象。这样的情况越来越多，我认为这是因为他们认为英国不知为何远离了重大政治事件和社会事件。也许日本和美国的作家并没有同感，因为他们会莫名有一种感觉——姑且撇开经济问题不说——日本和美国处于重大事件的前沿。我觉得这会对作家如何看待自己的工作、从何处寻得素材来丰富想象力有一定的影响。

大江：当我出国参加各种会议时，我总是作为个体作家。我认为刚才我所谈及的内容或多或少与日本的经济增长并无关联。我所理解的日本仍然是个边缘国家，尽管有着经济实力，它仍然无法履行其国际职责，尤其在亚洲。回顾过去，我认为自己对这一情形负有一定的责任，所以我谈了这些，谈到了一个作家——身为作家——也许可以补救的地方。

出于某种原因，日本作家常常缺席国际作家会议。至少直到今天，并没有多少作者会在会议上大谈日本在世界上的地位、日本作家在经济繁荣背后感受到的矛盾，以及深深困扰他们的东西。所以，对我来说，我要试着一点点地做到。日本有许多非常能干的商人和政客，但是作为一名小说家，我希望在国际上大谈他们从未提及的东西。我认为这对于海外作家们，尤其像你这样的年轻作家来说，来到日本近距离地看这个国家并和日本的知识分子交流将是一件十分有意义的事情。我希望这会加深你们对一些问题的理解，比如日本知识分子在物质繁荣中所扮演的艰难角色，从而带来实质性的文化碰撞。所以从那个意义上来说，欢迎来到日本！

石黑：非常感谢。这是一次有趣的对话。

访谈石黑一雄

◎艾伦·沃达和基德·赫辛格/1990年

原载于《密西西比评论》,第20期,第131—154页。艾伦·沃达和基德·赫辛格授权转载。

石黑一雄1954年出生于日本长崎,1960年移居英国。他先后就读于坎特伯雷的肯特大学和东英吉利大学。迄今为止已出版的三部小说均斩获了文学奖项:《远山淡影》获得英国皇家文学会的温尼弗雷德·霍尔比纪念奖;《浮世画家》摘得1986年惠特布莱德年度最佳小说奖;《长日将尽》折桂英国的顶尖文学奖项——布克奖。

1990年4月2日,艾伦·沃达在他得克萨斯州糖城的家中对石黑进行了访谈,以下为访谈内容。石黑先生作为特邀发言人在糖城参加了休斯敦国际艺术节期间的文学工作坊。

基德·赫辛格:前年是你六岁离开日本后首次返回日本,回日本之前,你有点担心日本人会期望你对日本文化和这个国家的了解要比实际多得多。你的担心变成现实了吗?

石黑一雄:并没有。一部分原因是他们知道我要来了。我的日本之行原本是秘密的。我是受日本政府部门——日本国际交流基金会的邀请,所以全程总有护卫陪在身边。事实上,媒体对我的兴趣比我想象中大得多。我引起了新闻界的轩然大波,并不是因为他们特别感兴趣身为文学家的我,而是因为我触动了社会层面的古怪痛点。在那个时候,日本可能也是第一次意识到自己再也不是一个单一种族的社会了。

东南亚移民还有大量西方人居住在日本的问题已经开启了一个进程。他们现在不得不开始思考，作为日本人意味着什么，日本可能是怎样一个国家。这突然成了热门话题。有一个是日本族裔，长相也非常日式的人，去了英国并且在某些方面失去了日本特性，这样的想法既让人兴趣盎然，在我看来，又让人惊恐万分。所以，我是什么样的人，会带来什么样的讯息，西方如何看待日本，对于这些问题大家都兴致勃勃。他们莫名认为我就是那个可以解答的人。所以我觉得自己在那儿被置于了名不副实的位置。

艾伦·沃达：你在那说日语了吗？

石黑：没有，我全程说英语，别人建议我这么做。真的就只是为了避免这种误解，这是我用来告诉别人自己并非正宗日本人的方式。无论如何，我的日语没有好到可以表达无虞的地步。我能让别人听懂，但在日本，这还不够。同样的东西可以有七八种不同的方式表达，取决于你如何看待你交谈的对象与你相较而言的地位。这方面犯一点点小错都会带来巨大的冒犯。日本是一个非常在意等级的社会，虽然严格说起来，这是个无阶级的社会。这意味着人们不用担心自己是上层阶级、中产阶级还是工人阶级，他们在意的是自己在社会等级阶梯上排的位次。

沃达：那儿的人喜欢从你那听到的回答，还是你的说法加重了他们对外国人的恐惧？

石黑：我避免给出任何明确的答案，但是我认为我的存在本身就说明了一切。

许多日本人从现在开始有了严格意义上的首次旅行，我说的并不是游客的旅行。商业和国际贸易意味着他们有更多的时间身处国外。自然，他们会有孩子在国外长大。有人认为这是好事，但有人却说这很可怕，因为他们的日本特性将会消失殆尽。人们担心的是这些人和他们的孩子回到日本时已经失去了一些东西，比如用筷子吃饭之类的文化传统。

许多年轻的日本人,尤其在东京的年轻人,对于西方人视作日本传统的东西所知甚少。他们甚至不知道如何穿和服。(我认为我就是个很好的例子,因为我也不会。)如果你穿反了——把左手前襟穿在里面,右手前襟穿在外面,或者别的穿法——这都是难以饶恕的大错,因为其中一种穿法只用在尸体上,活人是另外一种,而我永远记不住是哪种。有意思的是很多日本年轻人不懂,因为他们不穿和服,也不知道许多最基本的东西。从那层意义上来说,小孩子们,尤其是东京的孩子们有点像西方人。对他们来说,那些东西成了逝去岁月里琢磨不透的怪物。

他们也一直吃肉。看到他们那么高我也大为吃惊。三十岁以下的人平均要比三十岁以上的人高六七英寸。一部分原因是他们吃了美式垃圾食品,当然,他们也活不了前人那么长久。

整个旅程十分有趣,我认为这就是如今世界的走向,因为我们正变得越来越国际化。美国一直有着"熔炉"的称号,现在英国也必须要面临多元文化主义者的问题。日本开始意识到现在轮到它了,因为日本是最后一个还没有直面该问题的工业化大国。

沃达:你在《纽约时报书评》中说过:"面对大众对我而言,很大程度上就是与人们将我脸谱化的冲动作斗争。"这难道不是部分因为你的种族身份还有你最初的两部小说都是取景于日本吗?

石黑:我的作品以日本为背景这一点与是否把我脸谱化之间形成了一种悖论。我在英国出版小说处女作的那段时间,社会环境实际上已经转而将目光投向那些将作品设定在特定背景中的作家。我觉得那个时候的英国也有股奇特的潮流涌动。我倾向于认为要不是我有个日本名字,要不是我选择日本的那段历史来写,可能我需要更长的时间才会得到我最早的两部作品在英国赢得的关注度和销量。

英国的情况是——当然是我读大学的时候——当代小说,我不能说已经死亡,但它似乎已经成了非常小范围的英国社会阶层的专属。我们都有这样的印象,当代英国小说是中年女性写给人到中年的中产阶级女性的作品。

有些作品很不错，有一些则糟糕透顶，但是在我成长的那个年代，小说不是什么让人精神为之一振的东西。对创新艺术感兴趣的人喜欢的是戏剧。那种革新的戏剧形式有了爆炸式的发展。摇滚乐、电影，甚至是电视——因为在英国，我们有着非常严肃的人文电视节目——成了街谈巷议的东西，而小说则给人昏昏欲睡的感觉，显得褊狭、安逸，只关注内心，因而无人问津。

到了1979年和1980年，事情急速地发生巨变。那时成长起了全新一代的出版商和记者，他们迫切想要找到新一代作家去重新找回英国小说。我认为那段时间英国社会变得越来越海纳百川。人们意识到英国变得越来越国际化，越来越都市化，但是它已不再是世界中心。英国成了有点边缘化的国家，虽然依旧富足。英国开始明白自己在整个国际环境中的地位。八十年代早期，几乎是一夜之间，人们突然对文学有了爆炸式的巨大兴趣。在外国文学领域便是如此，像加西亚·马尔克斯、米兰·昆德拉和马里奥·巴尔加斯·略萨这些人变得非常流行。与此同时，整个年轻一代的英国作家中经常有一些不是典型的盎格鲁-撒克逊白种人。即使是纯正的英国作家，有些人也在利用国际性或者历史化的场景或主题。那么氛围就变成：人们想要寻找这样一个年轻、异域——虽然“异域”这个词有点不大友好——带有国际化风格的作家。我非常幸运地出现在不早不晚的时间。这是英国文艺现代史中为数不多的一次，有着滑稽的外国名字，书写搞笑的外国地方成了真正的加分项。英国人突然之间可以祝贺自己终于扔掉了他们的褊狭观念。

重大的里程碑事件就是1981年萨尔曼·鲁西迪因为《午夜之子》获得布克奖。先前他是个完全默默无闻的作家。那真是有象征意义的一刻，之后大家都突然开始寻找别的鲁西迪们。碰巧就在这时我推出了《远山淡影》。你知道的，通常第一部小说都会消失得无影无踪。然而我却受到了许多关注，被多次报道，也多次接受访谈。我知道为什么会这样，就是因为我有一张日本人的脸，有一个日本人的名字，这些在那个年代备受媒体关注。

我通常认为自己在评论家那里顺风顺水，之后我的每一部作品都捧得了文学奖项，这在英国职业领域至关重要。这是一件可以让你出人头地的事。所有这些好事算是都发生在我身上，在我看来，我被认定的身份起到了重要作用。

但是一段时间之后，这成了对我极大的限制，这些起初对我大有裨益的东西开始让我这样一名艺术家和严肃作家灰心丧气，因为我不想被这些束缚，即使它们曾经让我名声大噪。

赫辛格：嗯，如今，在英国有一个相当大规模的活跃团体，里面活跃着一批举足轻重的作家，他们要么来自与英格兰、爱尔兰、苏格兰、威尔士迥然不同的文化，要么就是经常书写与此相关的文化。我想到的有V.S.奈保尔、萨尔曼·鲁西迪、威廉姆·博伊德、多丽丝·莱辛、露丝·鲍尔·贾华拉，甚至还有移居英国的美国人保罗·索鲁、戴维·普兰特和罗素·霍本。你发现自己经常和他们相提并论吗？你对此介意吗？你是否抗拒这样的做法？你认为这样的归类对于理解你的作品有任何用处吗？

石黑：和其他作家一样，我抗拒被归类。你刚才提到的这一类还是相当兼容并包的。我通常会被放在面更窄的一组——通常和鲁西迪，还有一个叫作毛翔青的作家放在一起，毛翔青可能在美国不大有名气。他是中英混血，在英国相当出名，曾两次被提名布克奖，但还没拿到。

我和鲁西迪这样的人创作起来完全不一样。我的风格几乎是鲁西迪或者毛翔青的对立面。他们的作品总有些突如其来的情节朝着四面八方发散，为了表达常规语言所不能表达的意思，鲁西迪的语言似乎总有些出格。光从结构上看，他的作品就有着惊人的能量。这些作品似乎同时朝各个方向发展，而鲁西迪并不特别在意这些旁枝末节走向何处。他任其发展、不加干涉，这就是他的写作方式。我认为他是个很有影响力的知名作家。

我相当钦佩鲁西迪的作品，但是身为作家，我认为自己几乎与其相反。我使用的语言总是实际上压制意义表达的那种语言，努力隐藏意义而不是追寻词句以外的含义。我感兴趣的是文字掩盖意义的方式。我想，我喜欢的是简洁紧凑的结构，因为我不喜欢作品中即兴创作的感觉。从文学的角度来说，我看不出有任何共同点能把我和萨尔曼·鲁西迪或毛翔青之类的人联系在一起。

如果我们要对这些作家一言以蔽之的话，我认为有一样东西可以把你刚刚提到的大部分作家联系起来，尤其是英国当下的年轻作家们。如果你把这群人和英国老一辈的作家进行比较，你会发现他们的不同之处。确实能把年轻作家群体联系在一起的可能就是他们都意识到英国不再是宇宙的中心。曾几何时，英国长年自认是世界上的霸主，是这个庞大帝国的领头羊。我想，很长一段时间内，人们都相信只要你写与英国问题和英国生活相关的内容，作品就自动有了普适意义，因为全世界的人都会为此着迷。英国作家不需要有意考虑英国以外的人们有何兴趣，因为只要是他们在意的，本质上就是全世界关注的焦点。

我认为英国经历了这样一个灰色时代——因为文学习惯要很长时间才会消亡——英国最终在心智上和意识上，都接受了大英帝国已经消亡的事实。他们不再是世界上的主宰。在我看来，写作风格和写作背后的预设都过了一段时间才跟上这一改变，我觉得这是英国创作史上相当乏善可陈的时期。作家们写的东西无人问津，因为这对于英国以外的人们来说毫无意义，然而他们仍然带着英国是世界中心的预设。事实上，正是这一点让英国变成了这样一个褊狭小国。

我想，年轻一代的作家不仅意识到这一点，而且还有了种自卑情结。人们强烈感受到意识形态巨大冲突的前线都位于别的地方。所以不管你是观察共产主义和资本主义的冲突，还是第三世界国家与工业化国家的冲突或者别的什么，大家都有这样的看法：如果你实际上住在英国，而且你只了解英国生活的话，那么你必须要有所改变。要么你亲自前往，像V. S. 奈保尔和保罗·索鲁那样四处搜寻，要么你必须利用自己的想象。对于年轻一代的英国作家来说，更常见的就是——除了你刚刚提到的那些人以外,我还想加上朱利安·巴恩斯和伊恩·麦克尤恩——他们的作品经常不以他们生活的英国当代为背景。他们广泛而深远地用自己的想象力搜寻神秘场景或者历史事件。比如,麦克尤恩最近的一部小说就是以冷战时期的柏林为背景。只有年轻一代的作家才会这么做,他们与老一代截然不同。

赫辛格:美国人喜欢认为英语文学已经在战后成为他们的专属。对于戈尔丁、莱辛、艾米斯、福尔斯、拉金、希尼、休斯、鲍威尔、默多克等作家,我们只是口头上奉承,仅此而已。实际上,我可以说美国人在很大程度上觉得英国文学从未从乔伊斯和伍尔夫的去世还有战争中恢复过来。就二十世纪的英国写作传统而言,你如何看待你自己和其他年轻的当代英国作家?

石黑:我之前提到了风格和技巧的问题,还有背景和主题问题。如果你正好生活的国度,在你看来,无法提供宽广背景来应对你所认为的重要时代议题,那不可避免地你就会开始远离传统的现实主义写法。

假如说,你正好生活在此时的东德,也许你没有强大的理由去用现实主义创作。我认为现实主义写作是天生的本能。思考其他写作方式费的努力要多得多。只有当你真的陷入边缘化的境地,你才会另辟蹊径。你开始意识到自己已经陷入边缘化的境地了,明白你了如指掌、知之甚多的这些东西完全派不上用场。但是另一方面,你明白,当写到对你希望言说的内容至关重要的那些地方时,你和那些居住在东欧或者非洲、苏联、美国的人相比,做不到那么言之凿凿。你会怎么办?你了解的是英国的生活,熟悉的是英国社会的特质,但是这些东西你觉得自己没法用起来那么得心应手。所以你开始真正地脱离现实主义。你必须开始找寻别的有效方法。我认为你从这开始转向——并非彻头彻尾的幻想——而是创造些许虚幻的世界。你开始通过隐喻的方式利用你所熟知的景致,或者开始创造完全奇幻的风景。也许多丽丝·莱辛正是在陷入边缘化的境地后才开始了科幻小说的创作事业。

很可能美国人将要经历英国作家已经习以为常的一些阶段，因为美国社会已然成为了国际社会的绝对中心。什么样的国际主题能让每个人都感兴趣？我们不需要有意问这样的问题。然而从某种意义上来说，美国几乎免去了问这个问题的麻烦，或许是美国自认为如此，或许美国就不应该有这样的豁免权。我认为人们创作有关美国社会和美国生活的作品，能够让吉隆坡或者菲律宾人读起来同样津津有味，因为美国文化有着广阔的魅力。人们甚至会说，美国文化正在入侵和主宰世界的任何角落。因此，很多人想阻止这一切，然而还有很多人正在把美国文化领进来。这样做毫无意义，因为很难想象世界上尚有任何一处，或者当今世界还有任何一个社会里会有人不看重美国文化。

目前，考虑到当下情形，我认为美国作家发现自己所处的境况是，他们的写作方式在别的时代也许被视作只关心自己、目光褊狭的表现。由于国际文化背景下的美国文化地位，美国作家将会变得至关重要。因而，没有试图让全世界着迷的作家们最后却赢得了全世界的关注，有时候完全是因为他们只关心自己，不在意外面的世界，因为他们将这些权势的中心揭示得淋漓尽致。我认为曾几何时英国作家也处于这样的位置。也许美国作家们需要考虑将来某个时刻他们可能不再拥有这样的地位。

沃达：你是否认为你的写作风格有些二十世纪更传统的作家的元素，比如威廉·萨默塞特·毛姆、E. M. 福斯特、伊夫林·沃、乔伊斯·卡里。你是否觉得自己和这些作家有相似之处？

石黑：并非如此。我甚至没看过他们中大多数人的作品。（笑声）《长日将尽》像是一部模仿作品，我努力在其中创造了一个神秘莫测的英格兰。有时候它看起来像，或是有着典型英式作品的腔调，但其实我是利用它产生一种震撼效果，因为这个还算年轻的作家有日本人的名字和日本人的面孔却写了一本格外英式的小说，或者我应该说，超级英式的小说。它比英国小说还要英式风格。然而，我认为《长日将尽》所呈现的世界与你刚刚提到的作家们所创设的世界之间有着天壤之别，因为我的作品带有讽刺的距离感。

沃达:也许我有点误读你了。你是说读者必须越过现实主义才能到达——用约翰·巴思或者博尔赫斯或者马尔克斯的话来说——非现实主义世界或者寓言世界。这才是《长日将尽》的写作初衷,而不是仅仅为了写一部传统的英式小说?

石黑:正是如此。我认为,现在要想写一部传统英式小说却不在意各种讽刺几乎已经不可能。我在《长日将尽》中创造的英格兰,在我看来,并非真实存在过的英格兰。我无意于用精确的历史方式再现过去的某段岁月。我想做到的——并且我认为英国人也许比外国人更容易理解这一点——其实是重塑神秘英格兰的某种神话。我认为英国眼下有一种非常强烈的观念,在并不遥远的过去,人们生活的英格兰符合各种既定的形象,也就是说,这个英格兰有着沉寂而美丽的村庄,那儿的人们彬彬有礼,管家毕恭毕敬,人们在草坪上品味着香茗。

当下,尤其在英国,从咖啡桌上摆放的书到电视节目都能看到庞大的怀旧产业蓬勃发展,甚至连一些旅行社也在努力再现这个古老的英格兰。这样的英格兰所呈现出的神秘景象,在很大程度上,是对并不存在的过去无伤大雅的怀念。然而,其负面作用在于它和美国西部神话一样,被当作了政治工具。它会被用来攻击那些打算毁掉这个"伊甸园"的人。左派或者右派都会有这样的言论,但是通常是政治右翼势力会大肆宣扬,在工会让英格兰变得更平等之前,或者在移民开始涌入之前,抑或是淫乱的六十年代毁掉一切之前,英格兰曾经是个世外桃源。

事实上我认为,小说家的重要任务之一就是真正解密并重塑神话。我想这是小说家创作作品必须依赖的有效根基。我有意创设了一个世界,起初它与 P. G. 伍德豪斯那些作家笔下的世界有着异曲同工之处,然后我开始暗地里破坏这个神话,以有些扭曲和不一样的方式利用神话。

之前我问过你,这也是我会向很多了解美国文学、熟悉西部神话风格的美国人提出的一个问题。我一直大惑不解的是,严肃文学的作家们没有更大程度上改造这个神话，因为在我看来，一个国家的神话就是一个国家梦想的方式。这是一个国家寓言式回忆中的一部分，我认为，艺术家非常重要的一项任务就是要弄明白这个神话是什么以及他们是否需要重塑或者破坏。与西部有关的电影便是如此，但是当我问这个问题时，人们似乎无法举出很多严肃文学作品的例子。

在一定程度上，我认为，我对英国神话所做的大同小异。我要说的是，我的总体目标并非仅限于为英国民众提供英国的经验教训，因为这个神秘场景本该是隐喻层面的。《长日将尽》是一种寓言，然而作为作家，这个问题始终贯穿于我的三部小说中。我认为，如果有什么是我身为作家确实绞尽脑汁去做的——每当我构思一本新的作品时——那就是如何让特定的场景事实上成功地成为一种隐喻，这样人们就不会认为它说的仅仅是日本或者英国，而是赋予它成为隐喻或者寓言的能力。因为最终，我对言说具体社会的林林总总没有太多兴趣，而且就算我有兴趣，我认为我宁愿以纪实文学的形式，遵循各种真正的规则，比如摆出证据和论点之类。我不会通过操控情感来达到这样的目的。

沃达：也许通过纪实文学来做没什么意思，因为纪实文学没有多少想象力。我猜那是写小说的乐趣之一。

石黑：对，对，对，但是——你说得没错！我认为小说的乐趣之一就是你可以真正言说有着普世价值的东西，而不再是仅仅和英国、美国或者其他国家有关。小说可以写的是美国或者英国，但是我认为，虚构文学流行的原因是你可以真正开始明白这与其他的环境有着怎样的关系，这些事物有着什么样的普遍特征。我总是面临着这样的难题，因为一方面，在你的小说里，你必须创设足够真实的场景，尽可能地具体，这样人们才能在其中找到方向。另一方面，如果你让场景过于具体，过于受制于现实中也许存在的事物，那么小说就无法在隐喻层面成功，人们会说："哦，石黑的书写的是日本某段时间的情况，或者他说的是英国三十年代的事。"所以对我来说，我觉得我还没有完全解决这个问题，但是我努力找寻介于传统的现实主义和某种完全的虚构主义之间的某个领域,在这儿我能够创造一个世界,不会像完全荒诞的世界那样疏离读者或者让他们大惑不解。但是与此同时,它会使读者承认这不是纪实文学,也不是历史,或者新闻。我希望你把我创设的这个世界看作是所有人生活的世界的反映。脱离传统的现实主义就是真正的挑战。如果你那点没做好,你就失去了读者借以认同角色的一切,或者他们根本不在乎这个光怪陆离的滑稽世界到底发生了什么。我只是想设法调整作品,这样一来,只有一些环节摆脱了传统的现实主义而已,这样作品就能在隐喻层面有所表达。我想我在《长日将尽》中做到的要比前两部日本小说更接近于这个目标,但是我仍然觉得这是我必须应对的挑战。

沃达:你的作品风格读起来让人心旷神怡。比方说,在《长日将尽》的第七十二页你写道:"接着我就被领到了这个房间,在一天当中的那个时候,阳光正好将壁纸上的花卉纹样照亮,看着让人赏心悦目。"不久之后,管家史蒂文斯认识到英国的"伟大之处"矛盾地在于"欠缺那种明显的戏剧性或者奇崛的壮观色彩,从而使得我们的国土之美显得如此与众不同"。同样的类比适用于你的写作风格吗?

石黑:史蒂文斯那样评论英国风景时,他也是在评价自己。他认为这样一个冷漠、无情的管家集美和伟大于一身,他不愿意流露感情,而是将自己的情感隐藏起来,这和英国表面上的静谧大同小异:这是一种压抑混乱和情感的能力。在他看来,这正是赋予管家和英国风景魅力与尊严的地方。当然,那一观点在史蒂文斯的旅行中实际上土崩瓦解了。

在很大程度上,我写《长日将尽》时才第一次开始非常清楚地意识到自己的风格。理所当然,史蒂文斯谈到的也适用于我自己的风格。我认为事情是这样的。最初的两部作品,我仅仅是创作但并没有真正思考我的风格。我仅仅是用我认为最直白无误的方式来创作而已。后来我开始接连阅读评论,这些评论认为我的风格轻描淡写或者说简洁。正是评论家和批评家们向我指出了这一点,让我看到自己的风格似乎不同寻常的恬淡，隐藏于恬淡之下的却是不可思议的骚动。我实际上开始扪心自问："这样的风格那时从何而来？"这并非我刻意而为之。我不得不面对这种可能性，就是这种风格和我自己有关。这就是我天然而成的声音。在《长日将尽》中，我第一次开始质疑，从人类的视角来看，整个压抑情感的处理究竟是好是坏。

也许在最早的两部作品中，我通过这种风格和内心声音展现出了这点。在一定程度上，《长日将尽》其实从主题层面探讨了那种风格的弦外之音。当然，史蒂文斯的第一人称叙事风格是那样，但他的整个人生当然也是同一风格。我试图在书中探讨的是，在多大程度上这是尊严的表现，又在多大程度上是胆怯，而胆怯实际上是一种躲避精神世界的方式——也许是人生中最骇人的地方。在这部作品中，我才第一次真正意识到自己的风格，并在一定程度上努力弄明白风格是什么，为什么会有这样的风格以及风格从何而来。

赫辛格：尽管在美国相对来说读者稀少，但大家却感觉你，还有伊恩·麦克尤恩、威廉姆·博伊德、马丁·艾米斯、萨尔曼·鲁西迪、朱利安·巴恩斯、格雷厄姆·斯威夫特，还有其他一些作家——加上《格兰塔》杂志享誉国际——正引领着英语小说波涛汹涌的新浪潮。你如何看待这一点？

石黑：我很难评价美国发生的一切，因为我只是在这儿访问而已，不过让我的确大为吃惊的是，大西洋似乎的确成为了两种文学文化间的巨大鸿沟。拿安·比蒂来说，据我所知，她的作品在英国买不到。你也许可以费一番周折找到安·比蒂作品的旧版，但是当你和许多伦敦文学记者谈到她时，他们也许压根没听过这个名字。他们也没听过罗素·班克斯。另一方面，雷蒙德·卡佛在英国大受尊敬，理查德·福特也一样。我可以说这两位作家在英国收获了前无古人的敬仰和读者群。

我在这一向会接触到很多在美国大受欢迎的畅销书，但是很多时候，我甚至没听说过这些作者的名字。别人曾给我一本皮特·德克斯特写的

《巴黎鳟鱼杀人事件》,我知道这在美国家喻户晓,我注意到作者还拿了美国国家图书奖。就我个人而言,我花了很长时间才在美国打开局面。我不明白为什么两种文化间会存在如此巨大的鸿沟,但我认为这指明了一个事实:即使我们有着共同的语言,两种文学的文化却迥然不同。

另一个原因其实与出版行业本身有关,因为出版与社会关系和文学政治有着千丝万缕的联系。我认为当下运行的出版体系其真正弊端在于封闭的倾向。如果要走任何门路的话,那么得到推广的总是平庸的国内人才,而不是更加趣味盎然的国外作品。

赫辛格:既然你大学时读过美国文学,你的作品受到任何美国作家的影响了吗?我听说,比如你认为海明威的标题十分出彩,但是标题下面的作品可能有点让人失望。

石黑:我认为海明威的标题确实拟得精妙。我喜欢海明威早期的作品,但是后期一些作品我觉得非常平庸,平庸到令人尴尬的地步。但是他的标题创作一直以来都保持在相当高的水平。我认为《渡河入林》就是个精彩的标题,但是标题与作品质量的差距是我在世界文学中看到最为巨大的。一个能想出如此绝妙标题的作家却写了本这么糟糕的书,这让人目瞪口呆,不过他早年的确写了些不错的作品。

美国作家中我喜欢十九世纪老一代作家,比如马克·吐温。我认为《哈克贝利·费恩历险记》是一部美妙绝伦的作品,语言真实生动,方言惊心动魄。《白鲸》这本书看似荒唐,却非常有意思。我喜欢埃德加·爱伦·坡,他就文学整体提出了一些相当发人深省的问题。

沃达:美国当代作家像品钦、威廉·加斯、约翰·巴思这些人呢?

石黑:所有这些人,我应该说,我们在英国其实不读他们的书。读品钦的书……呃,我不知道,他的书有人买的。通常,他的唯一一部人人都会读的书是《拍卖第四十九批》,因为它很短。很多人有《万有引力之虹》和《V.》,但是我知道很少有人能看完三分之一。英国人是否能看完《葡萄园》仍然拭目以待,不过人们会去买他的书。

品钦也许是位举足轻重的作家,但是我只看过他的《拍卖第四十九批》,所以没有资格评价。从我看过的内容来看,他对我来说太过高深。我想也许有天我会试试他的大部头小说。

沃达:我想不出美国还有哪位作家会比品钦更受批评家的关注。

石黑:也许因为他是一位伟大的作家,也有可能因为总有一种作家会更对学者的口味。

沃达:你能说出美国文学区别于英国文学的一个地方吗?

石黑:美国文坛的特点之一——这是英国和欧洲通常所没有的——就是创意写作产业。我认为那是两种文学文化的截然不同之处。也许我们可以这么说——我也经常听人这么说——如今,你找不出任何一个有影响力的美国作家没有在某种意义上受到创意写作世界的直接影响,他们要么教授创意写作,要么学习创意写作。即使是那些远离创意写作原则的人也会间接受其影响,因为他的作家同行们铺天盖地的批评和意见都会受其左右。我认为,如果我所处的文学氛围是高校和教授创意写作课程的大学教师们开始拥有那种说一不二的势力,那一定会让我惶恐不安。

实际上我并非在暗示托马斯·品钦现象与此密切相关,因为我没有资格评价他。我想说的就是,我希望能够谨慎地评估创意写作教师在整个文学事业中扮演的角色,因为,不管你是否喜欢,美国文学正因此朝着某个方向前进,我希望能够明确地知道这股势力是否有利,是否会把我们引入歧途。对于创意写作产业和高校,我担心的是人们是否拔高了我并不十分看重的东西。他们将虚构文学的性质或者相当烧脑的脑力问题提升到某种高度。在那样的环境下,这些问题大受重视,因为说到底那种文化热衷的正是这些。但是,对我而言,尽管虚构文学的性质或者虚构性也许是作家们为了要把作品写下去需要关注的问题,但我并不认为虚构文学的性质已经成为二十世纪晚期的棘手问题。这不是我读小说和欣赏艺术所要寻找的内容之一。我认为读福特和卡佛的作品对我来说实际上是针对那些过度烧脑或者忸怩作态的文学作品的一剂解药,那些作品几乎就是为了走廊另一头等着破译的大学教授们度身定制的。卡佛和福特以深刻隽永的方式描写人生,我认为他们书写人生的技巧和许多仅仅为了炫耀或谈论文学技巧的人迥然不同。福特或者卡佛所使用的技巧是最高层次的,已经到了也许了无痕迹的地步。在我看来,他们对于人生的情感经历言说出了伟大的真理。

在英国,关于极简主义的讨论不多。事实上,短篇小说最近在英国不大流行。如果你出版了一卷短篇故事集,它的读者和阅读你写的长篇小说的人数相比,你知道大约只有三分之一。不知为何英国人对短篇故事不感兴趣。

赫辛格:在多大程度上日本小说影响了你的作品?如果我们要找一个有点相似于石黑的作家,那么似乎应该是谷崎润一郎——尤其是他冷静的精确和细腻的笔触(至少翻译中如此)——最接近你的风格。

石黑:谷崎润一郎有着多样的写作风格,他的许多作品我不会形容为冷静或者细腻。我想他在西方最出名的一本书是《细雪》。这事实上就像一部西方家族的萨迦,和亨利·詹姆斯、伊迪丝·华顿、西奥多·德莱塞或者乔治·艾略特会写的那种鸿篇巨制一样。小说描写的富商家族甚至没有经历任何戏剧性的事件,它讲述的是社会巨变时期不同家族成员的故事。我想许多人认为谷崎润一郎总是那样的写作风格,但他也写过有些怪异、性变态的东西。

沃达:你指的是哪一本书?

石黑:《武州公秘话》,讲的是中世纪的一位公爵第一次性欲萌发时,游荡在刚刚结束了战争的战场上,这时他看见了一些割下的首级。我想那晚他从小孔中偷窥,看到了一些侍女清洗粉饰阵亡的部落将士们首级的画面，他的性欲开始被撩拨起来。

沃达：我敢肯定弗洛伊德会喜欢这个。

石黑：小说越来越怪异，因为真正让他获得快感的是一个缺鼻首级。所以当他有朝一日成为权倾天下的武州公后，他对于割下的缺鼻首级有着真正的性渴望。故事变得滑稽起来，因为有一个他看中的人，他打心眼里希望看到这个人没有鼻子，所以他一直筹划让这个人的鼻子被割掉，但总是未能如愿以偿。这个可怜的家伙并不知道究竟出了什么情况，每隔几周，他要么少了个耳朵，要么出了什么意外，要么就是被人跟踪，但他却不知缘由。书中诡异的一幕是，他让自己的仆人假扮成没有鼻子的假人头，而自己和姬妾在一旁行鱼水之欢。

我的意思是这才是真正的谷崎润一郎，这才是谷崎润一郎真正有趣的地方。

他其他的一些作品也是那样的风格。这么说吧，正因为我有着日本人的名字，大家总是倾向于拉出一两个别人听说过的日本作家，说他们和我的作品有相似之处。评论家拿来和我比较的日本作家似乎被看成从头到尾都是一个创作套路。比方说，谷崎润一郎的写作风格就千变万化，他的写作事业也持续了很久很久。事实上，谷崎润一郎写到八十多岁，他创作了大量的作品，经历了不同的阶段。要不是因为我有日本人的名字，我实在看不出会有任何人将我和任何日本作家相提并论。现在如果我用假名创作，换一个人来拍我那张穿着夹克衫的彩照，我敢肯定没有人会想到说："这家伙让我想到了那个日本作家。"我不得不经常与这样的成见做斗争来为自己的领地大声疾呼。我不想说这样的评论极不公平，但是，接下来我会想到许多经常被拿来与我相较的其他作家。我要是说我和创作《细雪》的谷崎润一郎完全不同，接着人们又会说几乎对任何人来说都是如此——不管是乔治·艾略特，还是亨利·詹姆斯或者勃朗特姐妹。

赫辛格：契诃夫呢？他似乎是近十到十五年内对美国文学创作有着

压倒性影响的作家。

石黑:我一直承认,契诃夫是影响我的作家之一。当人们问我,谁是我真正喜欢的作家,我总会说契诃夫和陀思妥耶夫斯基。

稍微收回我对与日本文学有任何隶属关联说法的否认,我也从日本传统中学到了一些,但也许更多来自日本影片。我认为从契诃夫那里,从这些人的作品中,还有小津安二郎等导演的电影里,契诃夫的戏剧和契诃夫的短篇中,我学到的是同一样东西。我认为它给了我勇气和信心放慢节奏而不用担心情节不够分量。我认为西方文学有一个相当强大的传统——至少我会说英国文学和美国文学如此,因为我想法国文学的走向稍有不同——情节在其中格外重要,尤其对英国的虚构文学来说更是这样。我所说的虚构文学也指电影和电视故事的讲述方式,等等。这一传统几乎认定情节必须成为脊柱,围绕情节添上故事的血肉,这几乎成了这些年的标准。当你真的思考契诃夫的作品时,其实你很难将他的作品看作添上了故事血肉的情节。

关于节奏问题,你会读到《如何创作电影剧本》或是《如何让叙事节奏保持》这种书,但是契诃夫的作品告诉你的是,你不需要太担心这一点。事实上,我已经开始喜欢上这种近乎停滞的缓慢节奏。

沃达:这似乎在《长日将尽》中表现得很明显,它的情节松散,但你却能将这些串联起来。比如,肯顿小姐在小说的大部分篇章里消失得无影无踪,但当你需要通过她把事情联系在一起时,她总会适时出现。肯顿小姐这一角色的作用似乎在于你能够借此把不同的元素混在一起。

石黑:不受想法的限制来安排作品的结构给了我极大的自由。如果你不得不费尽心机让情节合理,你就要经常为了情节的机械安排而不得不牺牲其他更重要的东西,这样一来你就扭曲了人物,曲解了各种心理感悟。没有情节给了我巨大的自由,但这事实上意味着你必须面临许多新的挑战,如何不让读者感到乏味,如何安排作品的结构。契诃夫的作品一直让我看到很有启发的一些东西。当所有的人物只是围坐在草地上讨论是否要回到莫斯科时，他是如何让读者读起来津津有味的？他原本是应该让人无聊至极的。事实上，除了一两部剧作确实无趣外，他的一些短篇堪称杰作。

沃达：写完《远山淡影》后你曾说过："你要是真想写点东西出来，你就不能轻易地插入内容。这有点像房主找共处一室的房客，他们会和你待很长一段时间。我认为我在创作第一部和第二部小说之余学到的最重要的东西就是依照主题选取内容。"（《当代文学》第三期，1989，第339页）写完《长日将尽》后，你现在觉得自己是否对主题控制游刃有余？

石黑：我永远不会说游刃有余，不过我认为，每写完一部作品，我的掌控力就会更好一些。读别人的评论时，我总是先看开头和结尾的段落，看看他们认为这部作品是好是坏，但接下来我关注的是他们对于情节的概述。他们是否真的以我希望的作品呈现方式总结了小说内容？在我职业生涯的开端，很长一段时间里我真的会因为一本我从没希望自己写过的书而得到褒扬。他们强调再三的全是错误的东西，称赞的全是我的无心之举。所以我只能保持沉默，收下不虞之誉。当然，这让人心生不快，这就涉及掌控主题的问题。真正让你心满意足的是你因为期望得到褒奖的地方而备受称赞，而非你无心为之的偶然效果，因为这才是你努力做到的。你不是只为了让人们喜欢你的作品而已，你要传达的是你的愿景。这就是掌控主题为何对我来说至关重要的原因，尤其在我的第一部作品中更是如此。我曾经读到过一些评论以稀奇古怪的原因向人们力荐我的处女作，却和我的创作初衷毫无关联。我没有为此而不快，因为这些评论都是正面的，但这样的经历却让我沮丧至极。

让我仍然有些失落的地方在于——我以前也提到过——人们常常说《长日将尽》写的是英格兰特定的历史时期，或者这本书写的是大英帝国的衰亡之类的东西。他们没有把小说当作寓言来读或者没有看到它的隐喻作用。现在许多评论家理解了我的创作意图，会说这本书写的并不是一个生活在三十年代的管家。有趣的是，不同的国家有着不同的评论。

评论会告诉你这个国家的一些事,但是它也提醒你,作为一位作家,你会被形形色色身处不同社会环境的人们从截然不同的角度评判。我认为,提醒自己不要以为每个读者的想法都和英国读者一样总是大有裨益的。为何有些人看待作品的方式有着天壤之别,其原因显而易见。通常我离英国越远,那儿的解读会越让我满意,因为那里的人就不会执着认为故事讲的只是英国。在英国,我认为自己仍然有些局限于现实主义的解读,我明白一部分是我自己的责任。我不喜欢使用奇幻的措辞,但是如果读者确实来自和作品看上去如出一辙的社会,小说就会过于真实,以至于隐喻意图不那么明显。

总体而言,美国对于《长日将尽》的评价让我满意。个别人认为小说讲述的就是英国历史,但是大多数人总体理解的方式和我的意图吻合。正如我所说,在英国,我认为困扰更多,那儿有些人认为小说谈论的是第二次中东战争,或者是英国对德国纳粹采取的绥靖政策。

赫辛格:《长日将尽》和《浮世画家》两部作品似乎讲的都是有着超强自我欺骗能力的人,他们同时又被塑造成精确和谨慎的真相讲述者。我们是否可以想象这将成为你的作品的核心关注?迄今为止,你的作品的核心理念似乎需要通过第一人称叙事展现。你有没有计划以其他形式来创作?

石黑:我认为,身为作家你将如何发展一直是个难以回答的问题。在我看来,一次筹划一本以上的书相当艰难,其实我很难说接下来的两三本书我会关注什么样的其他主题。我想,当然对于最早的三部小说,事实上我一直在努力让它日臻完善,写完《长日将尽》我感觉这个过程已近尾声。这就是为何这三部作品似乎有某种相似性。我不会为这样的相似之处而道歉,因为我没有别的写作方法。

事实上我并不认为我的写作是在努力收复一块领地,待完结后再迈向截然不同的新领域,尝试新的东西。我并不那么看问题。我觉得,我是出于某种让我魂牵梦绕的原因在慢慢走近某片奇特而怪异的领域,我并不知道这方天地是何性质，但是每部作品的创作都让我渐渐包围这方奇怪的天地。这就是我眼中的自己作为作家的发展。经常我会有个非常有趣的故事想法，但我立刻明白这个主意用不了，因为它无法帮我接近这片领域。现在我已经意识到了这点，我知道能派上用场的素材可能来自相当无关的东西。如果我在看报纸时，看到了一则新闻，偶然有什么触动了我，也许它相当索然无味，却奇怪地让我联想到了什么。这则新闻不一定得是某种有人情味的离奇报道，因为经常某种平淡无奇的场景会跃然纸上，我就会想这是我可以使用的素材。

我没有打算一直写年老的人回望过去的生活，因为我认为我已经写到尽头了，但是我想，作家总会面临的真正挑战在于知道哪些是需要保留的，哪些是需要从过去的关注和作品中扬弃的。在我看来，找到对你来说依然有意义的东西，依然在某种意义上未能参透的东西十分重要，这是你走近这一领域的方式。我认为大部分作家的创作的确源于自己的某一部分。我不是说不平衡之处，而是在那里缺少平衡。我不是在暗示作家通常精神错乱。我认识许多作家，我敢说他们中的大部分比一般人精神正常而且有责任心，但是，我认为许多人写作确实出于内心深处尚未解决的东西，并且其实可能是已经太晚了而无法解决的问题。因此，写作有点像一种慰藉或者心理治疗。通常糟糕的作品就是出自这种心理治疗。在我看来，杰出的作品则是因为艺术家或者作家在一定程度上认识到一切已为时太晚。伤口已然出现，未能痊愈，但也不会变得更糟，然而伤口赫然在目。让人感到慰藉的是，虽然世界并非以你想要的方式前行，但你可以事实上通过创造自己的世界，创造自己对于世界的理解，来设法重新安排世界或者与世界和解。否则，我看不出人们有什么其他理由要把自己关在屋子里拼命写作，干这样一件劳神费力、反社会的事。我认为严肃文学的作家应该以各种方式努力朝着这一方向前进，找到这一未曾解决、欠缺平衡的领域。我想这才是真正有意义的深度写作之处。这就是我对创意写作产业保持警觉的部分缘由。我想，它实际上会让那些原本可以非常深刻的作家偏离缪斯想要给予的灵感。

沃达：请你评价一下悦子、小野、肯顿小姐和史蒂文斯这样的角色。他们因为缺乏远见而做出了糟糕的决定，从而错用了自己的才华，或者没有过上心满意足的生活。

另外，反过来说，如果他们有了远见却没有才华（比如像丽莎和男仆），他们的生活是否会更幸福？

石黑：我写这些人事实上不是为了对他们评头论足，因为我感兴趣的是有一定的才干的人。不仅仅是才干，还要有一定的激情，某种真正的冲动，从而比一般人做得更多一点。他们渴望为更大的事业做贡献。

沃达：我看得出来，这适用于《浮世画家》中的小野和《远山淡影》中的悦子，但你认为这适用于史蒂文斯吗？

石黑：当然。史蒂文斯是迫切想要为更大的事业做贡献的那种人，但是他认为自己只是一个管家，因而唯一能做的就是为一位伟大的人物工作。他为一名伟人服务的想法让他得到了极大的自尊。如果他是那种对自己的贡献派何用场完全不在意的人，他最后也就不会心灰意冷。这一冲动驱使他做事力求完美，而且不仅是完美就够了，他要让自己完美的贡献，无论多么无足重轻，都能对人类有所裨益。这就是史蒂文斯的立场。他不会心满意足地说："我就得过且过，赚钱吃饱喝足就行。"

沃达：但是话说回来，史蒂文斯自己似乎对事情为何如此或者为何他要这样行事并无深刻的反省。他似乎也缺乏对世界的深刻领悟。

石黑：确实如此，史蒂文斯没有深刻的领悟力。我认为这是我笔下人物做错的地方。他们的生活变得一团糟是因为他们缺乏对生活的真知灼见。他们不一定是蠢笨，他们只是普通人。（我也担心自己会浪费才华，于是我把这种担心写出来。不仅仅是浪费才华，事实上担心自己落得的下场是支持了自己其实并不认同的某项事业，或者某项灾难性的事业。）然而这些普普通通的角色经常会卷入政治领域，即使是在很小的方面。我之所以选择管家作为出发点，是因为我希望这蕴含着隐喻含义。我们许多人就像管家一样，因为我们都要学着完成这些细小零碎的任务，多数人并不需要去掌控世界。我们只是学着做事，并尽可能地做好，从中获得尊严，并为我们的上级，或者组织，或者事业，或者是国家贡献我们的绵薄之力。我们喜欢告诉自己我们为之奉献的是正义而非邪恶，由此我们赢得了尊严。但情况经常是，我们并不足够了解真相如何，我觉得这就是我们的状态，我们和管家们一样。

沃达：史蒂文斯似乎缺乏任何感情。比如说，他作为管家最荣耀的一刻(第91—110页)是在达林顿勋爵的政治会议上，当时他的父亲正在楼上奄奄一息。然而他没有和父亲待在一起，因为他的职责在别的地方——主要是为傲慢的杜邦先生疼痛的脚取绷带。甚至在父亲去世后，史蒂文斯也没有去看望他，对此肯顿小姐不无讥讽地回敬道："这样的话，史蒂文斯先生，您允许我为他合上眼睛吗?"史蒂文斯就像一块毫无个性或情感的木板。

石黑：管家的任务就是悄无声息地为人服务，既给人不在场的错觉，同时又能随时在场履行职责。在我看来，安排这样一个希望成为完美管家的人物恰如其分，因为这形象地隐喻了一种人，他们希望抹去可能会威胁甚至伤害到职场中的自己的情感因素。但是他却没有成功，因为这些人类需求，比如对温暖、爱情和友谊的渴求并不会就这么消失。这可能是最后史蒂文斯开始略懂戏谑时明白过来的道理。他渐渐懂得自己为何不会打趣，明白了这意味着他与其他人的隔绝。他甚至无法迈出和别人建立联系的第一步。

沃达：在《纽约时报书评》中，你宣称自己的下一本书不会再是风格上的重复，也许你"想写一部喧闹嘈杂、不再井井有条的作品"。那么读者可以期待什么样的作品问世?

石黑：这很难说。我创作起来很慢，大部分的创作时间里我都没在动笔。我花了三年时间写完《长日将尽》，那段日子里我没做任何别的事。

我就是全身心创作那部作品而已。但后来,当我翻看自己的日记时,我才意识到自己实际上只花了十二个月就写出了书中的那些文字。一想到自己用了两年时间只是在做准备工作就让我大为惊恐,不过我觉得自己一定要在真正动笔前清清楚楚地了解小说的规划。我必须首先在头脑里有大致的想法。这点不大寻常,因为我知道很多作家虽然在开始第一稿前对自己要写的内容知之甚少,他们仍然能够创作出才华横溢的作品。虽然在我实际执笔成文的过程中内容也许会变化,但我通常需要准确地知道自己每段想要达到的效果。所以我要花很长时间才能酝酿好那种状态。我把笔记和想法塞满一个又一个文件夹,看上去就像是大部头的一节节片段。最开始的阶段,当小说的走向很难确定的时候,我会尝试某种口吻或者预演某个人物。我所知道的仅仅是我要写的主题而已。

唐纳德·斯威姆访谈石黑一雄

◎ 唐纳德·斯威姆/1990 年

原稿保存于俄亥俄大学图书馆，罗伯特·E. 与让·R. 马恩档案和特殊藏品中心，唐纳德·L. 斯威姆藏品(第 177 号手稿)。唐纳德·斯威姆和马恩中心授权转载，由辛西娅·黄转抄。

在唐纳德·斯威姆的采访中，石黑一雄谈论了自己六岁离开日本后在英格兰长大的经历。他和唐纳德分享了成长于双语家庭所面临的困难，并讨论了自己的第一部作品《远山淡影》和第三部作品《长日将尽》。

访谈时间为 1990 年 9 月 15 日，地点位于曼哈顿 CBS 大厦的十六楼。剪辑后的版本分三部分于 1990 年 10 月 22 日通过 WCBS 广播播出，随后由 CBS 广播电台新闻服务向全国同步播送。电台现场直播内容(俄亥俄大学的 Wired for Books 在线教育平台有未经删减的访谈版本)已上传到网站，网址为 http://donswaim. com/bookbeatpodcastvol09. html。

唐纳德·斯威姆：你什么时候到的纽约？

石黑一雄：这周四。所以我还有点晕头转向，我的生物钟有点乱。

斯威姆：可能是倒时差的原因。

石黑：对，我很早就起床了，我很少这样。我是个喜欢很晚起床的人，是个懒人。

斯威姆：嗯，今天很有意思。第五大道上正在进行冯·斯图本游行。

石黑：对的，我们看见了。

斯威姆:还有大量的街头集市,许多道路被封闭了。我住在曼哈顿,今早开车去斯特兰德书店办点事,我错了,真不该开车去。为了避开游行和集市,我在那里绕了两个小时。伦敦不是这样吧,对吧?

石黑:你是说有集市或者游行的时候?我们很少有那些东西。

斯威姆:你或许会认为周六的城里不会像这样乱糟糟。

石黑:一样乱的。伦敦的交通状况很糟糕。我的意思是——你们这儿的问题是车辆太多了,而伦敦的问题是街道不适合大城市的交通。所以是基础设施的问题。

斯威姆:曼哈顿是在小岛上。当然,在伦敦你们经常要经过爱尔兰共和军的爆炸点。

石黑:没错。嗯,你所说的爱尔兰共和军爆炸点实际上是英国人在挖路,德国人或者日本人两个晚上就干完的活他们要三个月才能完成。所以你开车转悠的时候看着像爆炸点。

斯威姆:在这儿开车真的不可思议。今天开车的时候到处是推土机和起重机,有些机器已经在同样的路段好几周了,而我总是一而再、再而三地犯错开到同一路段。然后道路变窄只剩一条车道,还来了辆消防车,真是乱糟糟。我累坏了。我现在已经想回家了。

好吧,你的美国之行才刚开始。你会在美国待多久呢?

石黑:环美旅行是从周一开始的,要持续几乎两周,所以我会去中西部和西海岸看看。

斯威姆:这不是你第一次来美国吧。我记得大约一年前,你就在这,当时因为精装版图书推介的行程。

石黑:对的,从那以后我一直在美国。大约四个月前我因为某种特殊的缘故去了休斯敦。

斯威姆:那是我的家乡。

石黑:哦,是吗?

斯威姆:特殊的原因是什么?

石黑:也没那么特殊。那儿有一个——嗯,你知道休斯敦国际艺术节吗?

斯威姆:我不知道。

石黑:那是最近的叫法。过去叫"休斯敦节",你还记得吗? 那原本可能只是个非常小规模的活动。但是他们努力想把这个一年一度的节日做大,想让它变得国际化。今年的主题是"英国"。他们每年会选一个国家作为主题。去年是"法国",明年会是"日本"。所以他们邀请英国人来参加。我代表了英国文学。这个节搞得并不怎么样。我想他们也许在扩张上有点操之过急了。

斯威姆:我上一次在休斯敦是 7 月,参加了一个国际峰会,每次开车的时候都会碰上玛格丽特·撒切尔的护卫车队,所以连休斯敦都变得乱哄哄了。长大之后我就不住在那儿了,但我的家人仍然居住在休斯敦。

石黑:和那个时候相比休斯敦一定变化巨大。

斯威姆:变了很多。

石黑:是啊,可能在你成长的年代,不是所有的摩天大楼都已经矗立在那了。

斯威姆:我是四十年代末离开的,但是当时有一股战后建筑的高潮,所以每个街区都是新的建筑。没错,所以休斯敦的扩张确实是从战后开始的。

我们还是来谈谈你吧,谈谈你的作品。两本书我都很喜欢,它们非常精彩。也许在我们讨论作品之前可以先说一说你的背景，还有你是如何成为一名作家的。你出生在日本吗？

石黑：对的，我 1954 年出生在日本，1960 年我来了英国，或者应该说，我去了英国，所以我当时差不多六岁。之后，就学校和朋友而言，我成长的环境算是英式环境。

斯威姆：你们全家因为什么搬到了英国？

石黑：没什么惊心动魄的理由。我的父亲是——或者说曾经是（他现在已经退休）——一名科学研究者，在那时，他的项目受到了英国政府的资助。他是个海洋学家，当时北海发生很多事，英国在那找到了石油。所以这不是移民，只是临时待上两年而已。在这一过程中，逗留时间先是延长了一年，接着又是一年。所以这种变更国籍的方式其实很奇怪，我想我的父母并没有做好移民的心态准备。他们一直都是访客，保留着日本特质，在某种程度上努力培养孩子做好最终在日本——而不是在英国——长大的准备。出于这个原因，我想我成长的时候和周围的社会——周围的英国社会——保持了一定的距离，虽然在家外，从很多方面来说，我接受到的是非常典型的英国南部中产阶级的教育和培养。

斯威姆：你的父母在家说日语吗？

石黑：没错。

斯威姆：所以日语是你的第一语言。

石黑：算是第一语言，因为日语是我学的第一门语言。但是我的英语更加熟练。碰到陌生的日本人时，我会遇到麻烦，因为，呃，虽然我能够让人听懂，但是日语从社交细微差别角度上真的是太复杂了。从那个意义上说，它和美式英语完全相反。你要根据你如何看待说话人与你的相对地位来选择不同的词汇。要是弄错的话结果会很糟糕，我的意思是，这种错误不可饶恕。每当我被介绍给一个日本人,我总会愣在那。我会试着选择英语交流。

斯威姆:你去英国时大约是六岁?

石黑:五岁半。

斯威姆:那么,当时你不会说英语。

石黑:我不记得自己不会说英语的时候。我想在那个年纪,你学东西就是很快。显然一定有段时间我不会说这门语言,但我确实不记得自己有过什么阶段要竭尽全力才能让别人听懂。父母告诉我的是,几乎一眨眼我的英语就说得很流畅。

斯威姆:我一直想弄清的是,在双语家庭,或是主要说一种语言但也接触第二种语言的家庭成长起来的孩子是如何区分两种语言的。在我看来,那样的孩子会在交流中夹杂每种语言的词汇。

石黑:嗯,会有那种情况发生,但是显而易见,对我来说,英语更强势。我唯一接触的说日语的人就是我的直系亲人,所以日语是被英语侵入和污染的语言。所以——这是我的另一个问题——我觉得自己说日语句子的时候很难不夹杂英语词汇在其中。

斯威姆:嗯,孩子们面临巨大的同伴压力,要和别人一样,所以你在外面的时候,上学玩耍的时候,我猜你会希望和其他人一样吧。

石黑:没错,显然这点毋庸置疑。我会只说英语。很快,就像我说的,到了六七岁的时候,没人听得出我说英语有口音。我的英语和别人说的没什么两样。

斯威姆:我相信刚才你说的,你受到了非常典型的英式教育。我有点好奇的是,作为日本人,而且大家都知道,英国人某些方面与世隔绝,待人冷淡,对别的民族有点疑心。他们不像美国人,在这每个人都来自不同的地方。所以,你有过自己也许是个外来者的感觉吗?

石黑:我经常会想这个问题,因为最近在英国,多元文化主义的问题,社会的多元种族问题成了热点。我经常会问这个问题,但是我在英国南部长大的时候,少数民族群体和主流白人群体间的矛盾没有真正成为热点。而且因为我是个日本人,作为外国人我哪一大类也算不上。所以我很快学会做的是——作为孩子是无意识地——嗯,我明白的是自己永远与众不同,惹人注目。不管在任何学校,任何教室,我经常成为整个地方唯一一个外国模样的小孩。我会是唯一非纯种白人的英国小孩。我明白这点可以对我有利,也可以对我有害。但是,这就像在舞台上。很快你就得弄明白观众是支持还是反对你,这中间没有中立区。我想我就像那样很快被同化了。

斯威姆:你是如何做到让他们和你站在一边的?

石黑:我不太清楚,但是我一直得到英国人的支持,我的文学生涯亦如此。用如今的英国文学术语来说,我的作家生涯一帆风顺。我不大确定,我想这是我孩提时代就学会的。这得益于我还是个孩子的时候体型相对较大,但是青春期之后,日本孩子和英国孩子比起来事实上又开始变小了。现在我有五英尺六英寸,和一般的西方人比起来体型要小。但是经常,日本孩子在六或七岁的时候,和西方的同龄人比起来体格强壮得多,块头也显得相当大。这经常就是蛮力。以前我比大部分的朋友都要强壮。然后那时就有这样一种误解:因为我是东方人,所以我有所有神奇的武术功力。

斯威姆:还会有种感觉,觉得亚洲人比西方人聪明得多。

石黑:我在英国长大时还没有那样的想法。没人对我有先入为主的看法。之前没有先例,所以他们常常什么也不知道。我是个很讨喜的小孩,结果就显而易见了。我是他们碰到的第一个外国小孩,所以我要弄清楚的是他们是不是喜欢我。我没有其他人——其他外国人——先前留下的纪录要打破。再看看如今的许多人，比我年轻得多的一些朋友，也许比我小上个十岁，他们不是你所说的纯正的英国白种人，或者说是盎格鲁-撒克逊人，我认为他们的成长经历要复杂得多。尤其是有着亚洲背景的人，他们在移民潮中从印度、巴基斯坦来到英国，他们事实上必须要在英国社会里确实存在的少数民族群体和主流群体中做出选择。我想美国人应对这一问题起来也许更加成熟，虽然我知道这些作为少数民族成长起来的人面临着同样的矛盾和摩擦。

斯威姆：在美国这个国家，人们会丧失自己的民族身份，所以大家会觉得，比如冯·斯图本游行是那些因为自己的德国身份而深感骄傲的人致敬祖国的方式。事实的真相是我们的人口的确在融合，民族越来越散居，我们所谓的聚居区——那些民族的聚居区——越来越少。

石黑：但是我认为，这在我们这个时代是一项颇为有趣的挑战。在我看来，如今，几乎每个大国，随处可见的是种族不再能与国籍画等号。人们不得不重新审视诸如公民身份、国籍之类的概念。多元文化主义的问题在世界范围内涌现。每一个人都必须重新界定英国人或者德国人的真正内涵，我注意到甚至还有日本人，日本可能是最后一个面临此问题的大国。现在，破天荒地，日本人开始关注起主流日本人群体和定居在日本的非日本人之间有何关系。这与美国的情形截然相反。你要是去京都这样的地方，看起来每个人都像日本人。但是现在是二十世纪，从东南亚和中国大陆来了许多劳工，当然还有许多西方人也搬到了日本。所以他们现在面临着同样的问题。我想这就是世界的发展趋势。这就是一个人们会丢失原有标签，重新找寻新身份的时代。

斯威姆：在一个有着协和式飞机、传真和苹果电脑的时代，这一切即将发生。这是必然。

石黑：正是如此。

斯威姆：有意思的是，你的头两本书大部分都是以日本为背景，然后你自己却在很小的时候就离开了日本。你是怎样找到写作感觉的？我的意思是，看《远山淡影》的时候我觉得自己就像身处长崎。

石黑：人们经常会问我要做多少研究之类的问题。要知道，实际情况是我的整个童年时代自然而然地就在做等同于研究的事情。在我还没梦想著书立说之前，情况是这样：因为很小的时候我就被带离长崎和日本，所以我脱离了这样的生活方式，告别了记忆中那份情调、那抹神韵、那些景致，虽然它们让我恋恋不舍。我也与我的祖父母这样曾经非常亲近的人分别。我来到英国时是个非常幸福的小孩，但是当然了，我总是一直想着日本，想着这个我离开了的国度，并且相信自己有朝一日会回到日本。所以我的成长阶段，一直到我的青少年时期，我都会在自己的脑海里思索和构建另一个世界。父母会告诉我关于日本的事情，我会收到关于日本的书籍，并且我还有关于日本的回忆。所以我的整个成长阶段——正因为我身处的环境——我在我的脑海里建造起了一个虚构的世界，一个充斥着想象、回忆和猜测的混合体。等我到了二十四五岁的时候，我开始意识到这样的日本于我来说非常宝贵，如果我上了飞机，降落在标有东京字样的机场后，我会发现真实国度与它并不吻合。我想，它是一个只存在于我的头脑中和我的内心深处的珍贵国家。我也明白随着时间的流逝，它会变得越来越模糊，我想我亟需把它付诸笔端，用文字将它成型。所以事实并非我对自己说："好吧，我想写本小说，我要把背景设置在这个地方，所以我最好去那里了解一下。"我的内心已经有了这个建造好的世界，最终它在书中得以表达。

斯威姆：而且你写的并非游记。你可以将故事背景放在长崎，只消几个词，几行话就能让人有置身其中的感觉，却无需描写每一件事、每一处洞穴、每一幢建筑，因为那无论如何绝不是你的目的。

石黑：不是，我从来不讲究……作为作家，我对所写地点事无巨细的描写毫无兴趣。对我而言，我创设的是想象的景致，这些景致可以设法表达出我所关注的各种主题和情感。我不认为我和游记作家或记者有着相似的任务,也不需要向西方人介绍日本是个怎样的国度,或是告诉其他人英国的情况如何。我并没有把它当作自己的使命。为我所用的场景是能激起我情感共鸣的场景,但我并不关心自己是否准确再现了这些细枝末节,是否营造出了这个国家的形象。我更在意的是它的情绪、它的氛围和它的情感强度。

斯威姆:《远山淡影》是本有趣的书,它不在于你讲了什么,而在于你留白的部分,并且你把一定的担子交给了读者。我说的担子是正面的,是要他们去弄清究竟发生了什么。比如,其中的女性叙事者我们就不是一清二楚。因为读这本书已经有一段时间了,所以如果我没弄错的话,我们知道她的第一任丈夫的一些情况,因为她和丈夫住在一起,公公来探望过他们。她以身在英国的视角讲述这一切,所以我们知道她的第一任丈夫出了事,但是你没有明说是什么事。

石黑:尤其在我写《远山淡影》的时候——应该说十年前了——我很喜欢在小说中利用空白和空间营造出强大的真空地带的写作技巧,在之后的小说创作中我也一直使用,但我认为这在我的处女作中尤其表现突出。我之所以对这些留白,对这些信息的黑洞情有独钟,是因为我感兴趣的是人们无法直面某些事情的方式,他们选择了自我欺骗,选择给自己讲述关于过去并不完整的故事。

所以,《远山淡影》中发生的是,一个女人回首自己的生活,由于有些事情对于她来说过于痛苦,她无法直面,所以,她开始和读者讲起另一个女人和另一个孩子很久以前的故事。通过讲述别人的经历,她设法看清了真实发生在自己和孩子身上的事情。我注意到这是人们经常的处事方式。他们经常谈论起一个共同的朋友,你明白他们实际上说的就是自己。

斯威姆:你可以再写一本,就从你在第一本书中的留白入手写一部全新的作品。

石黑:啊,是的,不过这就不是同一本了。

斯威姆:嗯,你可以把它们融为一体。

石黑:小说让我着迷的原因是我们在日常生活中都会用到虚构。并不仅仅只有作家会虚构。我们其实都需要和自己讲述熟人的经历或者是我们新闻中看来的故事。我们会在某种意义上用这些故事丰富我们自己的生活,审视我们自己处理生活的方式。我们经常会谈论别人,这实际上能很好地帮我们弄清关于自己的一些事情。这就是我们利用虚构的方式。我们编造熟人的故事。当然,我们或多或少会忠实于我们看到的发生在他们身上的具体细节,但是我们如何去解读这一切——我们对事情的评判,以及我们所站的立场——这些都经常取决于我们经历了什么,取决于我们认为自己的生活中发生了什么。

斯威姆:而且,当我们说起自己的故事时,通常和自传一样是为自己的利益服务的。

石黑:是的,所以自传经常是不可靠的,具有欺骗性……

斯威姆:另一种方式就是在人生中你不想面对,也不想和别人讨论的地方加上空白。

石黑:没错,空白是我们看待自我的重要方式。

斯威姆:它们就像黑洞。

石黑:是的,所以我不想把这些从我的作品中剔除。

斯威姆:我的位置得天独厚,可以一对一地提问作者。我有个疑惑:在书的结尾——我记得是——让我想想,小姑娘(我总不记得名字),小姑娘……她妈妈在收拾行李。她要和弗兰克私奔了,至少她认为自己最终会和弗兰克在美国相遇。她在收拾行李,小姑娘跑掉了,叙事者出去找她——出门时拿了个灯笼，一个手电筒——（让我看看能不能找到这一段）……

石黑：我想我知道你说的是哪一段……

斯威姆：哦，在这儿，在第一百七十二页："……我沿着河边走，蚊虫跟着我的灯笼……"然后，她开始和小姑娘说话："你要是不喜欢那里，我们随时可以回来。"这让我看不懂了，她此刻似乎变成了小姑娘妈妈的角色。

石黑：对，这确实让很多人大惑不解，这是因为这里用的就是我之前解释的叙事技巧。这个女人真的想要讲出自己的过去，讲述自己如何把女儿带到英国之类的经历。我们不太知道发生了什么，但是她不想审视这些非常痛楚的经历，因为许多都以悲剧收场。一切以女儿的自杀而告终。所以，她唯一能审视自己这段生活的方式就是将目光投向别人，投向在许多方面与她有类似之处的其他人的故事。所以，这就是《远山淡影》这个故事的主要内容，主要是一个女人叙述了过去一个朋友和她孩子的故事。但实际上，她讲述故事的动机在于审视自己的生活。所以，到了结尾，她忘了自己本不应该说到自己，忘了她是在说别人的故事。叙述在这开始重叠。

斯威姆：我当时回到那段看了好几遍，我想着有天要找你问个清楚。现在我仍然有点不太满意这个解释，因为作为叙事者，看起来几乎还有另一个声音。

石黑：问题的关键在于——对于没有看过这本书的听众来说，他们可能难以跟上我们的讨论——问题的关键在于叙事者悦子和她谈论的这个女人佐知子之间的关系。她们是否事实上是同一个人？我的答案是，不完全是。可能在遥远的过去真的有一个叫做佐知子的人，但是当悦子讲起佐知子的故事时，我的意思是她讲故事不是因为真的被佐知子吸引，而是因为在佐知子的经历中看到了发生在她自己身上的一些东西。就她讲述的这个故事而言，佐知子代表了她。

斯威姆:事实上,我想到的是也许自杀的女儿就是那个小姑娘,那个在长崎焦虑不安的小姑娘。

石黑:可是同样的,不完全如此。但你是对的。这是她讲故事的原因,因为这对母女的生活和她自己的生活极为相似。

斯威姆:你知道的对吧,这本书对你来说已经十岁了,但对于其他许多第一次阅读的人来说还是一本崭新的书。

石黑:在美国,差不多算得上是本全新作品。当然,在英国和其他国家,之前就出版了。它的确常常让人费解。人们经常说这本书神秘莫测。事实上,在英文平装版的封底上就有诸如"谜团"之类的批评字眼。那就是对结尾有些疑惑的人对这本书的看法。

斯威姆:这本书是什么时候在美国首次出版的?

石黑:精装版在美国的出版时间,我想,和英国一样,都是1982年。

斯威姆:这是你的处女作?

石黑:对,那是我的第一本书。

斯威姆:你的第二部小说,虽然我没看过,也是以日本为背景。那《长日将尽》是你的第三部小说吗?

石黑:没错。

斯威姆:很精彩的一本书。我知道你一定被问过很多次,你是怎样搜集资料的,你是怎么了解管家心理的,但我想象得到有一些人会来质疑你书中给出的事实。我在想我们如今还有那样的管家吗?

石黑:呃,我的态度是,我不关心。如果现在一个真正的管家出现在我的面前,对我说:"瞧,你这儿,这儿,还有这儿都错了。我们不是这样做事的。"这些都无关紧要。我的目的不是为了精准重现二十世纪三十年代真正的英国管家的生活。那点对我来说没什么吸引我的地方。当然,一些社会学家或者社会历史学家也许会感兴趣。但是我选择管家这个人物是出于隐喻的考虑。在我写那本书的时候,我想表达的是一个生活在九十或者八十年代的人关心的各种问题。我是在借助英国管家这个人物创设的神话来表达。在很多方面,他就是我的一个隐喻。

斯威姆:你能说得再具体一点吗?

石黑:本身我对管家毫无兴趣,我不认识什么管家,也没有想当管家的宏图大志,当然在我住过的房子里也从来没有管家工作过。我想表达的所有主题使我想到了管家这个角色。我认为,在这本书里我大致想要讨论两点内容。首先是失落的情绪,我成长在六十年代晚期至七十年代早期这段理想主义时期,当时的年轻一代——也就是和我同龄的人——成长起来,怀揣着自己将要改变世界的理想,认为自己肩负着改变世界的重任。我们有很多理想化的想法。我经常参加许多政治团体,还加入了社会工作的志愿者行列。但是,随着年纪渐长,事情开始变得越发复杂起来。如今,我感觉到这对我们中的许多人来说已经成为了重担——这就是我要表达的情绪。这就是我——一个受过教育,有着一定责任感,生活在民主国家的人,我的想法是,重大问题最终会由像我这样的人来决定,比如怎样管理国家,政府所做的决定,因为这就是身为民主国家公民的意义。

然而,另一方面,我越来越清楚地意识到自己对于当今许多棘手而重大的问题是多么地无知。我无法真正睿智地探讨世界经济、科技、国际外交还有生态学问题。当然我从报纸之类的资料上浅尝辄止地获得了一些知识。我是一个拿了两个学位,花了很多时间阅读和思考的人,但我却知道自己完全无法胜任这样的角色。我在许多重要的领域仅仅略知皮毛。然而作为民主社会的一员自己却肩负着这样的责任。在我看来,这似乎就是我们所生活的民主社会的悖论。我们大部分人觉得自己并没有管理事务的权利。我们所做的只是一点微不足道的工作,我们只是过着自己平凡的生活，怀揣美好的愿望而已。我们所取得的微不足道的成就会慢慢汇入更重要的一方天地，并为我们赞同的事业添砖加瓦。我们中的许多人，并不领导政府或是发动政变。我们所做的就是一份工作，为老板或者机构或者某项事业——政治事业——而工作。我们仅仅做一点点小事而已。我们希望在上层会有人将我们的贡献物尽其用。换句话说，我们和管家没什么两样。所以我最终选了管家这个角色。他知道如何上茶，对于自己管家的能力，他引以为豪。但是他会说："瞧，我就是个管家。在如何管理世界方面，我没法做出重大的决定，但是通过，比如我为我的主人，一个知晓所有重大事件的伟人服务这点赢得某种尊严。"他放弃了自己政治生涯的责任，他的悲剧在于他为之服务的是一个同情纳粹分子的人。这就是我试图表达的情绪。

管家吸引我的另一个地方在于——当然我说的是英国管家——我发现世界上很多地方都认为管家代表的是荒谬自大、拘谨淡漠的人类形象。人们效仿管家时就会那么做，他们会表现为抛弃所有自发的人性。我很想在这本书里探讨情感压抑，将表达情感误以为是弱点。我认为这是英国社会和日本社会非常显著的特征。可能男性比女性会更容易这样。但是我希望讨论的是每个人都有的那片领域，即我们的情感领域，那是我们最为恐惧的地方，在这我们任由情绪泛滥——我们的感情——那是最让人害怕的地方。在《长日将尽》中，我试图描绘的是一个假装完全职业化的人，他假装自己在找寻某种特殊的尊严，但实际上只是闪躲，只是懦弱而已。他不过是在退却和躲避那一让人提心吊胆的情感领域罢了。

斯威姆：史蒂文斯是否真正意识到肯顿小姐的爱？她可能是全书最有魅力的角色。他对此是一清二楚却视而不见，还是压根不曾察觉？

石黑：我想在他的内心深处，他是看到了，这就是他害怕的原因。他是一个非常恐惧爱的人，这就是为什么他会摆出自己是个尽职尽责的职业管家这样一个堂而皇之的借口。管家的职责就是不要有任何情感，对他来说，那就是职业的完美。但是我想说的是，史蒂文斯在书的结尾终于意识到的是,这样的成就非常空洞,事实上,这根本算不上成就,这只是胆怯,只是一种对人性最有难度也最为可怕之处的逃避而已。

斯威姆:在某种意义上,他在书的结尾处遇见的村民,当他们聚集在起居室里讨论政治时,你让他们说起话来显得要比史蒂文斯更加镇定自若。他们看上去也比史蒂文斯更像社会的一分子。

石黑:是这样。我想,从和这些村民的交往中,他开始懂得了尊严还有另一种含义。这些讨论政治的村民们让他明白,作为民主社会的公民,在一定程度上有着掌控自己命运的能力亦是尊严。但前提是你真正接受责任并参与其中。所以他对尊严的另一种理解实际上开始挑战他对尊严的原有看法。在这之前,他认为尊严就是像管家一样,有条不紊地僵硬行事,到了书的结尾,他开始明白这样的定义多么空虚肤浅。

斯威姆:这本书也非常、非常滑稽。有时候,有的评论家也许会忽略掉这一点,但是我认为萧伯纳会找到其中的闪光之处并深为叹服。我的意思是,那是这部作品最有意思的地方。书里有很多幽默,也非常犀利。但是作品很滑稽。还有语言——我喜欢你的遣词造句。刚开始读的时候,我对自己说:"天啊,这太生硬了。我不会喜欢这本书的。语言太不自然了。"然后,我意识到这是你展现的人物风格,贯穿整部作品。你有意进入到人物的内心,用他自己的声音发声,做到这点很不容易。

石黑:我想是这样的。这是你作为作家可以使用的技巧。我一直使用第一人称的叙事方式。对于我来说,叙事者同时也是中心人物的最大优点在于你可以告诉读者,人物是什么样子,不仅仅是通过他的遭遇和他对别的角色的一言一行,而且要通过他发声的语气,通过这些呈现在书页上的文字。所以我认为如果中心人物是真正讲故事的人,这会在读者和中心人物之间建立起非常微妙的关系。所以对于那本书,我想以一种"管家语气"来写整部作品,这样一来,真正使用的语言,也就是他努力控制情绪,努力掌控,努力不失去控制的时候使用语言的方式,事实上会支撑起全书的主题。所以,他所使用的语言本身表明他是一个害怕自己人性一面的人。他的遣词造句总是为了让他的观点和情绪保持距离。

斯威姆:哎,开始写《长日将尽》时,你是不是——从哲学上来说,将它用作隐喻。这个人物只是生活的一小部分,而非他所做事业的重要一环。但是这难道不是为了讲故事吗?你是个讲故事的人。我的意思是,像你这样的人是否会坐在打字机或者文字处理机前——或者不管用的是什么——然后说:"我要用这个隐喻人生。"还是说,你只是为了讲个故事而已?

石黑:我是这么做的。我总是从主题开始,这是关键因素。可能许多作者都会有这样的经历。人们来到你面前,说道:"瞧,我发生了一件有趣的事。"他们会告诉你经历的这件趣闻轶事。然后他们会说:"我想我告诉你是因为你是个作家,你也许可以用得上。"这经常发生在我身上,通常他们讲给我的故事非常有意思,有着妙趣横生的波折。但是通常我并不关心,也毫无兴趣,除非我认为这个故事可以用来表达我所关注的主题。换句话说,我对于情节本身没有兴趣。对于我来说,情节只是作家用来表达的诸多工具之一。所以,对我而言,我总是会从这个问题开始:"这本书要讲的是什么?我要探究的主题是什么?"我不是指明白无误的信息。再也没有什么会比一本充斥着信息的书更无聊的东西了。但是主题就不一样了。你是在问有关某些领域的问题。你会问:"这个如何?那个如何?"这是和我自己的某种辩论,我觉得这对我在写作中保持某种克制尤为重要,这样一来,所有诸如情节、人物之类的东西——所有这些你放入作品中的东西——都能清晰无误地为你想要服务的东西服务,也就是主题的表达,主题的探究。

斯威姆:当你创作《长日将尽》时,你知道作品会走向何方吗?我问这个问题的原因是,博比·安·梅森——一位非常杰出的作家——告诉我当她开始小说创作时,她有时会有个思路,就只一个轮廓或者一个形象而已。比方说,她写过一个精彩的短篇,讲述了关于一个家庭纷繁复杂的故事,仅仅因为一个飞进阁楼的蜜蜂形象,这就是她写作的开始。她不清楚故事会走向何方。在我看来这样的写作方式很难,但我想有些人是这么做的。但是,对你而言,你怎么看待那样的作品?

石黑:我知道很多作家是那样创作的,我也很喜欢博比·安·梅森的作品。我认识许多英国和世界其他地方的朋友,他们创作的方法可能更接近博比·安·梅森一点。说极端一点,这些作家将一张白纸放在打字机或者别的什么机器里。他们不知道会出来什么结果,他们有点像在即兴创作,有时纸上会出现各种各样黑乎乎的怪东西。然后他们看着出来的东西,删删减减,让它成型。他们开始利用自己有意识的艺术头脑去让故事成型。我没法那样写作。这就是性格使然。我总要在开始写下最后会成书的文字之前,有一个清晰的指示图,知道自己朝哪走。所以我会花很多时间做好规划和研究。我所说的研究并不是记者会做的那种研究,也不是纪实作家所做的调研。但是我确实会研究我脑海中虚构的景象。我必须知道——我发现自己必须完完全全知道人物会像什么样子,他们之间的关系如何,我要写的虚构世界会有怎样的情绪和氛围。我必须对这一切了如指掌。我通常会花两年的时间计划一本书,在开始真正的写作之前,用笔记和图表塞满一个又一个文件夹。

斯威姆:对不起,我没听错吧,两年?

石黑:没错。《长日将尽》用了我三年时间。之前的那本书也花了三年。每次,我想我都是两年用来规划,一年用来写作。

斯威姆:所以两年是用来规划,一年是去真正地写成文字。

石黑:是的,写作本身对我而言不是问题。我已经到了一定的阶段,可以技巧娴熟、不费吹灰之力地写下文字。写作需要时间,因为有很多词要写,但对我来说,真正的挑战,真正的难点在于让这个东西在我的头脑中成型,在我的头脑中搭建起这些想法和虚构的世界,这才是真正的挑战。当我对那个世界已经了如指掌了,我就能付诸文字,这不会给我带来太大麻烦。

斯威姆:我采访过爱德华·艾比,他去年去世了。他告诉我,曾有人问他:“你写一本小说要多长时间?”艾比回答:“一辈子。”我想这个回答很妙,因为在某种意义上,你书写的是你关于人类及自身学到的和弄明白的一切的总和。

石黑:是的,你说得完全正确。我想,当我说我用了三年去写书,如果我只是囿于这三年的经历,那我写的东西一定很蠢。

斯威姆:我想这不可能!好吧,你现在在写什么?

石黑:问题在于图书行业难以静下心来。如果你的一本书大获成功,你的第二本书的创作就会变得异常艰难,因为你要花很多时间在世界各地穿梭,助力一场接一场的出版活动。因为你写了本书,这本书会在不同的时间在不同的国家出版,有着不同的版本和不同的语言,你经常要去这些地方。过去的一年半里我大部分时间都在东跑西跑。

斯威姆:嗯,人在江湖身不由己。这就是威廉·肯尼迪所说的——他的小说《铁草》获得普利策奖——“那是给书应有的待遇”。

石黑:嗯,我觉得旅行整个过程很有意思,我很喜欢,你知道的,但是有时候我必须要回国,过一种更无趣的生活,重新开始我的写作。

斯威姆:我想,你不在写作的时候也是种写作。

石黑:希望如此吧。我会这么告诉自己,当我在……

斯威姆:好吧,真正开始写作前你有两年的准备时间,这表明你可能一直都在工作中。比如说,今天在来这儿的路上我在等一个红灯,这时我无意中听到——有两个女孩子在聊天——一个女孩对另外一个说:“他情绪太低落了,他把自己锁在房间里,不肯出来!我们使劲砸门,但他不肯出来,我们也不知道该怎么办。"这时候绿灯亮了,我开始思考那件事,这个对话的主线是:有人把自己锁在房间里,明显心情沮丧,不肯出来。我开始想:"也许我要好好想想那件事。也许我会把它写下来。"我是说,如果你听到这样的对话,也许你会有更好的方法……或者你的脑海里有一个发生在遥远的过去的形象,你会在飞越大西洋的时候在脑海里把它细化吗?我的意思是:你身上发生过这样的事吗?

石黑:哦,当然,一直都会,尤其是如果你要到国外旅行,很多会被当地人视作理所当然的事情在你看来都显得那么奇异或者妙趣横生,也许有时候还会让你对世界的运转方式有了深刻的认识。所以,那种事情一直都会发生,所以我希望随时都在学习,并能为我所用,不管是作为人还是作为作家。但是如果你是个作家,你会有这样的时刻——这就是作家和仅仅只是旅行的游客的区别所在——这时候,你想要坐下来并根据你的经历构思,你会试着安排这些元素,这就是为什么有人是艺术家,而有人不是。前者时不时会有种奇怪的冲动,想要躲回无趣的小屋,把各种不同的形象、各种不同的见解、各种不同的想法放在一起,并把这些东西敲打成型。

斯威姆:作家一定要有这样的意志力,回到自己的一方天地,而没有人在旁边监工。每天我都要来这上班。每天在新闻直播间里我有一定的职责要做。我要为这个新闻广播写稿子,某些时间段要在这儿。然后每周末我会拿到薪水。但是对于作家而言,没人对你指手画脚,你就是动笔去写了。

石黑:我认为,对于许多作家来说,这不是意志力的问题,这是执念。我的意思是,他们一刻也不会错过有人站在身边监视的感觉。在他们内心深处有一样东西使得他们可以继续下去这项古怪而又反社会的行为:独自坐在房间里,在打字机上敲出一本书。我常常问自己:为什么作家们——这些神志健全的社会人——会做写作这件事?有些人甚至赚不到一分钱。他们的婚姻一团糟,工作也是一团糟,因为他们晚上回到家还在坚持写作。不仅仅是职业作家如此。这是非常强烈的冲动。

斯威姆:事实上,这个国家的许多人都不赚钱。

石黑:有些人能赚到钱。我碰到过一些人,他们赚了很多钱。但我认为,钱的事情并不重要。显而易见,每一个社会,每一个年代,都会有人觉得有必要静下心来通过笔下的文字弄清楚人生。我想这和钱没有什么关联,呃,有时候和钱有关系,有时候和人为制定的交稿日期有关。但是让整个写作持续下去的是人类拥有的天生且根深蒂固的心理机制:当世界看上去有些失去平衡,或者有些东西出了问题,那么你能给自己的唯一安慰可能就是试着去创造自己虚构的世界,或者呈现自己的愿景。

我看过许多作家,我试着问自己:“这些人的相似之处何在?这些做着同样怪异事业的人们,他们的共同之处何在?”我的结论是,大部分作家——我想也包括我自己——在内心深处某个地方都有点不健全。哎,我不是说他们都是疯子,有些作家是我见过的最有责任感的人,但是,在他们人生体验中某个非常幽深的地方,又或许是他们的童年中的某次经历,有些事不大对劲,他们知道现在无论做什么也于事无补。我认为他们就会在写作中一遍遍地审视这处创伤。有的人会通过绘画,有的人会通过音乐。但是正如我所说,当人们意识到有什么地方大错特错,或是在遥远的过去他们失去了某种平衡而如今再也无法找回的时候,这是他们唯一可以诉诸的慰藉。当你开始建造自己的世界,你就有了慰藉。你会试着说:“也许真正的世界应该是这样。”你就是为了重温这段无法真正重温的过去才会付出这样的努力。

斯威姆:好吧,这是艺术的冲动,没人能够理解它,或者阐释它。人们从来理解不了想象力。

石黑:当然,有时候,它就是纯粹的自我主义,人们需要被关注。

斯威姆:嗯,我想大部分人需要某种关注。我认为我们都有自我。这是经历生活所必需的。你必须小有成就。即使是让绿灯变亮这点微不足道的小成功也算。你知道的,一点点小事有时候也会让你开心。

好吧,我们可以就这么一直问下去。我还有许多问题要问你的,但是我们的时间要到了。

这些书很精美。这些是你所有作品的首批平装本,对吧?刚出炉的,全新的吧?

石黑:没错。

斯威姆:那些没看过你作品的人,我想,现在要得益于Vintage国际出版社的平装本了。他们把你的作品展示得精妙绝伦。你的第二部作品,也是在这里印刷的吗?

石黑:也是在Vintage。是去年在Vintage出版的平装本。

斯威姆:我要再问一个问题。你还没有开始新的创作吧?

石黑:没有,就像我之前说的,我在世界各地的旅行太多了,没法写作。

斯威姆:我用三年的时间去……我最好确认一下是否把你的名字念对了,"一雄"?

石黑:嗯,说得不赖。

斯威姆:"……石黑。"

石黑:对一个美国人来说,日语说得不错!

斯威姆:谢谢你的夸奖。

石黑:非常感谢你的采访。

石黑一雄对话玛雅·雅吉

◎ 玛雅·雅吉/1995 年

原载于苏西拉·纳斯塔编撰的《跨越世界的写作:当代作家访谈》,第159—170 页,泰勒与弗朗西斯出版集团授权转载。

石黑一雄 1954 年出生于日本长崎,1960 年来到英国,继《远山淡影》(1982)和获得惠特布莱德奖的《浮世画家》(1986)之后,1989 年凭借第三部小说《长日将尽》折桂布克奖。《长日将尽》——由莫谦特-伊沃里电影公司拍成电影——讲述了英国管家史蒂文斯的故事。由于极度的内敛使他浪费了生活和爱情中的诸多良机,史蒂文斯回顾了自己三十年代在达林顿府的服务生涯。相形之下,石黑的小说《无可慰藉》一定程度上是一部有关创造力的作品。故事的叙述者——瑞德先生是位受人追捧的英国古典钢琴家,他为了音乐会的演出来到中欧,却偶遇了年轻时在伍斯特郡结识的熟人们,这些角色反映出了他从青春少年到垂暮之年的人生。

在此次伦敦采访中,玛雅·雅吉和石黑一雄一起探讨了《无可慰藉》行文中的创意过程。石黑在这部小说中利用了时空的滑动和回忆的声音,标志着与先前作品中的现实主义的割裂。本次访谈后,石黑一雄完成了《我辈孤雏》(2000),目前正在创作《莫失莫忘》。

玛雅·雅吉:《无可慰藉》中的场景是超现实的、虚幻的。小说的大部分场景发生在瑞德的头脑中,他的英国熟人来来去去穿梭其中。是什么让你把小说背景设定在中欧?

石黑一雄:背景并不一定是中欧,但必须有个地方才行。背景的问题总是困扰着我，部分是因为我的日本祖籍。人们事无巨细地审查我笔下的场景，想当然地认为它们是作品的关键。从某种意义上而言，的确如此，但是背景成了个大麻烦。当我把故事设定在了日本，在一些读者看来作品的重要性似乎就被削弱了。人们会说“我们了解的关于日本社会的那件事很有意思”，而不会说“哦，这不就是我们的思维和行事方式嘛，我们就是这么做的”。因为背景设定的环境太过异域，这似乎阻碍了我的作品被赋予普世意义。我的想法是如果我放弃日本，人们也许会关注更为抽象的主题，关注情感故事。总体而言，《长日将尽》更多是一部内心故事，尽管仍然有人会说这是一部很有意思的社会历史，是对两次世界大战之间仆从生活的重塑。这样一来你的争论就成了小说在多大程度上准确再现了生活的神韵——这就是场景设计的问题。我明白，这样想其实很公平。我使用的是现实主义创作模式，力图让场景尽可能地真实可信。但是问题在于人们觉得这讲述的是三十年代，或是大英帝国衰落的某种寓言。除了对话和人物外，人们总喜欢确认具体的地点，把它当作新闻或者历史的延伸。我认为我应当尽力把小说设定在一个稀奇古怪的世界，显然它是根据另一套原则而来，这样就能清楚地表明我们无意于忠实再现某个真实地方的模样。《无可慰藉》发生在何处是我最不需要考虑的问题。我没有明说是什么地点，但是我总觉得它可以是中欧西部的一个地方，比如奥地利或者瑞士。我需要的仅仅是一个不在英国的英国人。为了让写作技巧奏效，他一定要身在异乡，处于旅行状态。我希望人们不要太在意场景设置在哪里，也不要把它读作某种关于柏林墙倒塌的奇怪寓言。

雅吉：你曾经说过，你是先写场景和对话，然后才寻找“一片美丽的景致”，一个地方来容纳这些。你是那样创作《无可慰藉》的吗？

石黑：不，《无可慰藉》的写作方式不一样。以前我是在开始动笔前要对小说仔细规划。对于每一个从事创作的人来说，下面这个问题很关键：在你开始写作之前，有多少是你已经了然于胸的？其结果决定着作家的创作方式。一个极端的情况是有的作家喜欢在面前放上一张白纸，先看看会写出什么，然后调整成文。而我却觉得这一过程让人心惊胆战，也许这和生性谨慎有关。我总是处在另一极端。在我开始动笔前，我会花上两年的时间谋篇布局，尤其是主题，还有人物。但是对于《长日将尽》，规划阶段写下的目标的完成情况却让我喜忧参半。我最终付诸笔端的作品和我计划的几乎一模一样。那样挺好，但是我的人生和创作已经到了我不想重来一遍的阶段。《无可慰藉》因而有更多的探索之意，是一种即兴创作。我有意想要改变起点。《长日将尽》后我开始意识到，调整起笔的方式会把我引入新的领域，而这是我在更有规划的写法下无法做到的。还有一点是个奇怪的巧合。《长日将尽》讲述的主人公执着地要使人生的一切尽在掌握之中，以至于他的情感生活压抑无比。他莫名错失了最重要的东西。因为是第一人称叙事，你有理由会问：我这样去写一个人，用这样的风格，是因为我害怕在写作中失去控制吗？在创作过程中，我看到了像管家这样在人生中处处有条不紊的利弊之处，这让我明白自己应该写写身上更乱糟糟的一面，在还没完全规划好前早点动笔。

雅吉：你提到，对前三部小说的评论，反复出现的几个词是“轻描淡写”和“克制收敛”。这是推动你创作不同类型的小说——尤其是《无可慰藉》结尾处的搞笑喜剧——的一部分原因吗？

石黑：这些一直出现的形容词，像“不加渲染”“隐晦”“节制”之类让我惊讶不已，因为我并没有试图在前两部小说里营造出轻描淡写的恬静之风。它们都是第一人称叙事，所以人们并不确定这是我的风格使然还是叙事者的人物性格。我的结论是，一定程度上这就是我，虽然我不露声色。我说：“是的，当然了，那个人物很拘谨，不是吗？”《长日将尽》是第一部我在创作时意识到人们对我的风格如何评价的书。它就像对这种内敛风格的放大。用自己的特质创作出几近夸张的程式化作品，这对我来说易如反掌。与此同时，意识到这点又让我心生不快。我所要表现的与史蒂文斯相关的一些主题的确让我扪心自问：创作时，你会在多大程度上放开自己，冒险涉足你意识深处不敢承认的某些东西和随之而来的所有技术问题？虽然你无法用同样的技巧处理，但是你本能地知道这里妙趣横生，你明白自己不应该总是在旧的领域挖掘，而是要去开发令你不适的新领域。身为作家的自我认知使我选择了更冒险的方法——当然是情感上的冒险。幽默也许就是一种防卫机制。我们经常会在事情变得棘手而危险的时候运用幽默，幽默就像张安全网。我不希望这样一本小说过于严肃。通常情况下，如果我们走进无人涉足的领域，我们会忍不住开一些玩笑，或者摆出滑稽的腔调。我把整部作品当作喜剧来创作，并不是随意开玩笑嘻嘻哈哈，而是把整个世界看作以黑色喜剧的方式运转。

雅吉：你是否如你所愿找到了自认为在更有规划的写法下失去的一些东西？

石黑：我想是这样。从表面上来看，我开始了一种新的写作方式。我有了技巧上创新的自由。这本书偏离了纯粹的现实主义。在这本书之前，我都是以传统的方式来创作，利用某个场景下读者的怀疑造成的悬念来推动人物发展。我希望避开能被认出的真实环境，但这样一来你就不可能走原来的老路。如果你想创造另一个世界，在那里有着另一套法则——自然法则、时间法则、行为法则——要有一套前后一致的新法则。因为没有多少样板可供参考，你得自己琢磨。

雅吉：你模仿过任何文学大家吗？

石黑：当你远离纯粹的社会或者心理的现实主义时，卡夫卡，显而易见，会成为你的榜样。其他国家也许会有强大的非现实主义传统，但我对此并不熟悉。在西方传统中会有卡夫卡和纳博科夫这样的特立独行的人物。

雅吉：喜剧上你借鉴了契诃夫吗？

石黑:我超爱契诃夫。他的短篇小说对《长日将尽》有着深远影响。但是那种相对波澜不惊的表面下涌动着失落,在一定程度上也是我试图弃之不用的。在这部小说中我效仿的两位作家——告诉你谁影响了我,这简直是自杀——是卡夫卡和陀思妥耶夫斯基。卡夫卡有着梦境般的虚幻,而陀思妥耶夫斯基则会利用严肃而宏大的主题制造闹剧。他的四部小说巨作就像布莱恩·瑞克斯的滑稽戏在舞台上呈现的闹剧那样,各个部分都变得歇斯底里,然后所有人物离开舞台,尖叫着离开,门却四处开着。那种歇斯底里的腔调和闹剧颇为有趣,而且他会用于非常严肃的目的。我还读了塞缪尔·贝克特,主要是他的散文。

雅吉:《无可慰藉》的写作手法和你之前的小说究竟有何不同?

石黑:过去,我运用的写法是人物年老时回首自己的生活。在他们试图评判人生时,通过对关键节点的倒叙勾勒出画面。《无可慰藉》没有那么与众不同,除了安排一个人到中年的角色,有着随之而来的各种困惑以外。整个故事应该发生在某个奇怪的世界,瑞德借助自己遇到的人来厘清人生和过去的一些片段。我用梦境作为原型。所以说,这虽然是人物传记,但是我没有利用回忆和倒叙,而是让人物在梦境中四处游荡,与从前的自己和将来的自己相遇。准确来说他们并非过去的瑞德和将来的瑞德。在某种程度上,这些人就是其他人,但是他对这些人生活的解读使他们成了他的童年回忆,或者是他害怕自己将来会终了的生活。我不想真的说斯蒂芬就是年轻时的瑞德,鲍里斯就是孩提时代的瑞德,但是我想虚构的是一个你可以把他的人生所有节点放在一起的世界。从本质上来说,你要写的只是一个人。对我而言,这样的写作方法让我有了很多自由。这和我们做梦的方式一样。我们会梦到白天碰见的营业员,但是在其背后,这是过去我们想要弄清的某个人。我想,醒着的时候我们也会这样做。我们对其他人的看法常常因为我们需要弄清关于自己的一些东西而受其左右。我们会利用其他人——也许我们不愿意承认。我们也许并没有如实看待他们,他们成了有用的工具。

雅吉:你说过自己并没有规划这部作品,但是当你开始动笔时,你的头脑里想的是什么主题?

石黑:这部作品的主线围绕的是一个很早以前人生就出了状况的人。他之所以想要成为一名技艺精湛、才华横溢的音乐家,其背后的动机是他认为自己有朝一日可以修复过去。他努力精湛技艺完全是为了自己,为了完成心中的这项使命。但是因为他这么做了,结果人们把他一步步推向救世主的位置,最终他揽下了一大堆责任。被迫挣扎于无望的个人事业,结果被整个社会寄予厚望,因此他的内心追求和别人的期待之间有着不可思议的鸿沟。二者间的张力造成了一片混乱。小说最重要的一刻就是瑞德意识到自己对于想要修补的东西无能为力,一切都为时已晚,他所有的才华充其量而言只是某种补偿,是对永远无法回归正轨的过去的一种慰藉。

雅吉:瑞德感到他的人生很久之前就出了问题,他必须纠正过来,对你而言,这是否和父母还有家庭的纷争有关?

石黑:没错。当我们说一些根本性的东西——人生的关键——出了问题,我们常常指的是家庭,还有丧亲之痛或者情感剥夺之类的早年经历。这不一定就是精神分析法。我不是弗洛伊德理论的追随者。这只是我对自己还有周围人的观察而已。奇怪的是,随着年纪的增长,我开始越来越这么认为。年轻时,你会因为人生未曾定局而拥有一定的力量,你认为事情终将峰回路转、柳暗花明,但是等你到了三十五岁之后,许久之前发生的事似乎改变了你的观点。你开始明白自己能力有限,意识到未来将要发生在你身上的并非无限可能。我并不一定指的是巨大的创伤,虽然对于一些人来说的确如此。可能就是个难以根除的困扰,或者仅仅就是童年结束时,你发现世界原来要比童年时复杂得多。我的感觉是许多创造力丰富的人,还有政治上大有抱负的人,他们的动机和驱动力很大程度上都是来自很久以前某件出格的事。

雅吉:你是否在自己身上也看到了那样的影子?

石黑:可能吧。这个问题更复杂了。这部作品展现的观点来自我对自己的观察,还有对与我同病相怜的人的观察。你独坐书房奋笔疾书一些年头后,你开始思考自己为什么要这么做。你可以想到一些实际的理由,比如挣钱,但我记得那时自己并不知道能挣到钱。这些人放弃所有的休闲时间,愿意毁掉各种人际关系和婚姻,仅仅因为他们想写小说,或者做电影,或者为了这样或那样的运动。我开始好奇为什么其他人会这样做。有时,与此相关的是一些可怕的事情,比如孩提时被人虐待,但是很多时候并没有明显的理由。为什么有人会这么做而有人却不会,这个问题仍然悬而未决。

雅吉:对你来说,情绪的失衡是否和背井离乡有关?

石黑:对我而言是这样。我认为这和我从日本搬到英格兰有关。我的创造过程从来不是因为愤怒或者暴力,虽然有些人是这样。它更多的与遗憾或者悲伤有关。我不觉得自己因为没有在日本长大而心生遗憾。那样说很荒唐。这就是我唯一了解的生活。我有着快乐的童年,在这儿过得非常开心。但我遗憾的是,我在日本曾经拥有的牢固情感关系,尤其是和我祖父的情感关系,突然之间在我情感形成的阶段被割断。我人生的前五年都是和祖父生活在一起,我们是个三世同堂的家族,在我人生的前五年里父亲有三年在外工作。所以祖父成了家族的首领,成了我敬仰的人。也就是最近几年我才开始明白过去这些事的重要性。我总会想自己可能会有另一种生活,不是说在那里会更开心,而是有着非常重要的纽带。它并没有被割断,因为我总认为自己会回去,但是它慢慢消逝。后来祖父去世了,当时我还在英格兰。

雅吉:你为何选了这个标题?

石黑:这种你无法修补的东西,布罗茨基称之为“创伤”。你无法修复,也无法治愈它,你能做的只有抚摸。如果由于内心的某种创伤,创造力丰富的人被迫创作小说，政客们被迫领导政党或发起革命，就算成功了也无法抚慰创伤，最多不过只是对早年所失之物的一种慰藉而已。布罗茨基认为，人近暮年，即使是女人的情爱也只能聊以慰藉，然而，他认为情爱还是值得拥有的。而这些人甚至连爱情也没有，所以说他们“无可慰藉”。

雅吉：在你有关自我欺骗的作品中反复出现的主题是，人们在评价自己的人生和成就的过程中自欺欺人。但是对于瑞德而言，他似乎没有哪一刻意识到自己错误地评价了人生。

石黑：某种意义上来说，头三部小说每一部都是对前一部作品素材的重写或打磨。差不多算是三次涉足同一领域。写到《长日将尽》，那一过程算是写到头了。这也是我不再使用那一写法的原因之一，因为主题与写作手法息息相关。那时候，吸引我的是为了让事情看起来差强人意，为了让自己不那么面目可憎，人们会如何对自己撒谎。我们总会或多或少美化我们的失败，充分利用我们的成功。我感兴趣的是人们如何选择自己和人生的模样。瑞德却不是这种人。虽然“自我欺骗”的主题让我心动，但是这种手法写出的人生给人一种井井有条的感觉，因为你在重新评估人生中注视着它，你会看到事情的发展成形，看到某个点上犯了错误，或者与某个关键机会失之交臂。你可能误投了精力或是表错了忠心。但是那样的小说中，人生看起来井井有条。如果你后退一步来看，你可以把人生浓缩为这些重要的时刻，比如决定效忠此人，或者没有在此刻离开，或者没有向这个人表述衷肠。

但是随着年纪渐长（我现在已经四十岁了），我希望自己写的东西能够反映我开始感受到的不确定和混乱。生活对我来说不再是一段段经历接踵而至的过程：你要么辜负了此刻，要么成就了此刻。但人生并非如此清晰，而是凌乱不堪。我不希望我要写的视角来自一个回首往昔，过去的经历井井有序的人，我希望他是一个身处嘈杂混乱，被拽向不同方向却弄不明白原因何在的人。在这部作品中，自我欺骗的处理方式有所不同。

它被荒唐地夸大了。瑞德一直在欺骗自己。他的记忆和观察都唾手可得。他删删减减,找到情感上需要的,摒弃无用的。几分钟前的事他可以忘得一干二净,接着重写刚刚发生的一切。

雅吉:你为何选择音乐家做你的主人公?

石黑:这样方便,我不希望他是个作家……

雅吉:所以你写了艺术家……

石黑:没错。但是在这里,他虽然是个音乐家,音乐起到的作用却不是现实意义上的。在这个世界,音乐的作用不同于真实世界,它似乎在扮演政治的角色:什么样的音乐家应该被颂扬,什么样的该被唾弃,就像谁该当总理或者总统一样。所以,没错,他是个音乐家,但他又不是个音乐家。我是在利用音乐的隐喻去象征别的东西,要是个现实主义作品,我可能要再三谋划才行。我想写的是一个人们期望从他那儿得到文化和精神引领的人物,人们对他寄予厚望,他必须完成这一使命。至少我对音乐略知一二。

雅吉:那就是隐喻的部分内涵,讲的是他们并不真正理解这种音乐,而瑞德是他们的阐释者。这和控制人生以及失去对人生的控制有点关系。

石黑:是的,音乐形式变得如此复杂,已经被视作高质量生活必不可少的一部分,但是人们却不再理解音乐,必须指望专家指点。我感到我们应该成为民主社会的公民,对重大的决定负有终极责任。我有幸接受了良好的教育,但是如果你问我经济学或者工业政策、军事政策之类的问题,我完全一无所知。也许我就能简单说两句而已。在民主社会中,如果我们的政府行为乖张,最终我们应负起责任。一切责任得由我们来承担。但是当你不得不忧心于自己的工作,忙于照料孩子,赶去乐购采购时,你很难让自己精通货币理论或是通晓税收对于通货膨胀率的影响。许多重大的问题看起来复杂深奥，超出了我们中绝大多数人的能力。我们发现自己期望会有专家出现拯救我们。

雅吉：《长日将尽》出版时，你说过："我写作是出于一种恐惧，担心自己试图做的事眼下认为很重要，之后却明白过来它们并非如自己所想的那般重要和有用。我们都生活在狭小的世界。"你的恐惧也是瑞德的恐惧吗？

石黑：过去，我很小心，不去写那些只适用于我自己的事情。我知道作家的辛勤耕耘毫无有趣之处。唯一有趣的地方和那些辛劳谋生的人并无二致。瑞德这个人物也许让我危险地走近了一个读者不会欣然认同的人，因为他是个名人，是个艺术家。他所处的特殊位置也许限制了他的普适性。当你不做规划只凭本能书写时，就会那样。也许这是我自传想法的延伸，因为我开始声名远扬，开始感受到了自己身上的压力。但是我总是会问自己，我的生活中有什么是和其他人息息相关的。

雅吉：1989年，你回到日本访问，这是你六岁离开长崎后的第一次。你认为自己还会再以日本为背景写作吗？

石黑：也许会吧。日本之行挺好的，就是有点奇怪。出人意料地，我成了大新闻。作为一个远渡重洋，失去了日本特质，拿了文学奖的日本人，我既是一种安慰，也是他们最大的担忧。这是日本留学基金会组织的官方访问，那个机构相当于英国文化教育协会。访问受到了特别优待，所以有点不真实。我像是被放进了一个大泡泡里，回家的情绪被缓冲或者转移了。我回了趟日本，但其实没回去。我知道如果我回去，我要去的地方不一样。所以如果我要再写日本的话，我可能会写真实的日本，而不是那个我深感自己必须书写的童年记忆中的日本。

石黑一雄：混乱的隐喻

◎ 皮特·奥利瓦/1995 年

原载于 *Filling Station* 杂志，第 9 期（1996 年冬季刊），皮特·奥利瓦授权转载。

石黑一雄的午餐约会也许要迟到了。他要和一群日本人在芝加哥举办的美国书商大会上碰面，他的出版商反复说：“无论什么，都绝对不可以打乱他的行程。”

和他的出版商软磨硬泡了三天之后，我们最终达成一致，石黑一雄会接受我的访谈，但是我们提议的这个采访必须等他预先安排的图书签售会后开始，在他预先安排好的午餐会前结束。

“我们会有多长时间？”我问道。

“你必须在他去交易大厅的路上采访他，”他说，“大约十到十五分钟。他很忙，你知道的。”

我们都同意石黑一雄是个大忙人（自从 1989 年凭借《长日将尽》折桂布克奖之后），这样一想，十五分钟应该足够了。

不难看出，这个计划外的访谈还原了石黑一雄的最新小说《无可慰藉》中的一段场景。小说讲的是著名钢琴演奏家瑞德先生，他为了参加一场千载难逢的演出现身于一座无名小城。这座城市的每件事、每个人，他们的命运似乎都取决于瑞德这场即将到来的演出，取决于他许多突如其来的社交活动，取决于他计划要做的演说，演说的内容与一座他几乎忘却的城市相关。

眼下的问题是：瑞德弄丢了自己的行程表。他笨拙地周旋于各种约会安排中，对遇见的每个人都要猜测他们是何方神圣，这使瑞德陷入了神秘莫测、令人啼笑皆非的错误中。缺少了这份极为重要的行程表，瑞德似乎连自己的家人也认不出来，等到他有了些许印象，得到了某条让他振奋的线索，却又不可避免为他指向另一个错误，指向下一个（要做的）安排。

这部小说一直以含混的叙事维持着这种岌岌可危的平衡，等到第四百二十四页，突然，希望似乎在未来隐约可见。瑞德的音乐会眼看就能解决每个人困扰一生的问题，就像所有行星（短暂地）连成一条直线那般精准而又优雅地消除所有的误解，掩盖不堪的过去。

我最终想和石黑一雄探讨的就是这一特殊时刻：《无可慰藉》中这一精彩瞬间里，石黑一雄终于将瑞德所有的游离和叙事的偏移交汇在一起，只是为了用其独有的黑色幽默摇碎这些乐观的期盼。为了讨论第四百二十四页的这一刻，我很快明白我们必须从瑞德一连串的不幸和神秘莫测的视角切换谈起，这些内容给出了小说的语境、背景和一套规则。但是我告诉自己，我要直接跳到这一页。《无可慰藉》也许是一个忧伤而可笑的地方，但是我决定要找出石黑一雄是如何做到干净利落、毫无惧色地碾碎诸多叙事期待的真相。

我的时间是十到十五分钟，我准备了一整本记事本的问题和一个手持录音笔，我们一握上手，我就立刻把录音笔递给了他。从签名售书站到主楼这一路上，我们在拥挤不堪的无窗走廊里被步行路过的书商们撞来撞去。我从记事本里抬起头，避免了至少三次迎面相撞。一次，石黑一雄把我推到墙边才让我俩都免遭一辆飞速而过的轮椅突出部分的伤害。我（仅仅是勉勉强强）看到前方他的出版商的红头发，他在前面带着路。

皮特·奥利瓦：好的，麦克风已经开了，你对着机器顶端说话就可以。

石黑一雄：这种都是书商大会上才会有的疯狂。

奥利瓦：我必须得说，我觉得自己有点像你小说中的人物，靠着对一份不知道放哪的行程表的残存记忆追踪到你。

石黑：（笑）好吧，我们每个人心里都有一堆行程表，我想。

奥利瓦：但这份，也许更加私人。你小说中的音乐家瑞德和售书旅行中的作者石黑一雄之间有任何关联吗？

石黑：只是表面上的关联。我把旅行中的那种混乱用作隐喻。这很容易想到，很多这样的东西我都会用在小说里。不过，不仅仅是那样。我也是碰巧在旅行中。

奥利瓦：这大概是人们能想象到的最糟糕的售书旅行了。

石黑：呃，我认为，对于读者来说，描写售书旅行的作品不会有多少吸引力。这本书应该是对我们大多数人的生活方式的隐喻，我们一路跌跌撞撞，假装知道自己去向何处，实际上却一无所知。

奥利瓦：但是书中的音乐家——瑞德——不仅在人生中跌跌撞撞，到达目的地时，他似乎连自己的家人也认不出来。通过另一个人物——酒店里的行李员——他才被送到了家人那里。他必须把所有人的生活拼凑在一起。

石黑：对的。

奥利瓦：就好像他的记忆几乎出了故障。

石黑：他的记忆没有按正常方式运转，不过我希望在这表现的是有点奇怪的东西。我想把我们大多数人经历的一生压缩在几天内。所以这有点像你到了人生中的某一个阶段，然后突然发现自己与形形色色的人扯上关联，你想知道自己是如何落入那样的境地，却搞不大明白。就是那种情况，只不过这儿发生的事并不夸张，我是说整件事。我是想利用那样的梦境世界来表达这点。准确地说它不是梦，但是我想用梦中会发生的一些东西，这些东西我想许多人在一定程度上较为熟悉。你知道那样的体验的。因为它们是在那样的梦境中运转，所以许多古怪的事情会发生。

他的回忆滑稽可笑。

奥利瓦:他也是一个完全不可靠的全知叙事者。

石黑:在某些方面他是全知的,但是有些方面他的认知却又不可思议地受到限制。他也许可以看到别人的回忆,但有时他连最基本的事情也不记得。

奥利瓦:那样的平衡是否很难保持?那是你在创作这本书时面临的主要挑战吗?

石黑:是挑战之一。但是写这本书最大的挑战其实在于,我要为故事发生的世界制定出另一套运行规则。

奥利瓦:什么叫另一套规则?

石黑:适用于书中世界的时间、人类行为和社会行为的规则,与我们实际生活中的那一套截然不同。时间概念上的距离、空间关系,甚至连人们的举止都会不一样。回忆表现的方式也不同。但是对我来说,重要的是要有一套规则,读者要能适应这样的新世界。所以要有个框架。这不是个无法无天的世界,不是一切皆有可能。

奥利瓦:你怎么看那些不相干的内容,就是瑞德带给读者的那些叙事上的天马行空、童年回忆,还有离题万里?

石黑:这是一种偏离,但是,我在英国讨论这本书的时候用的词是"挪用"。因为这不仅仅只是不相干的内容。这就像在梦境中你用到——可能是你看到的什么人——送奶工或者杂货商之类的人,这个在你梦境中突然出现的人其实代表的是你过去经历中更为重要的某个人。换句话说,你挪用了当下遇见的人来代表隐藏在你的内心、你的过往、你的个人经历深处的某个人。那就是书中的部分真相。他碰见的这些人,从某种程度上说,确实存在于这座城市,但是,瑞德是在利用他们,是在以一种古怪的方式向你讲述关于他自己人生的故事,由此让你真正了解他,了解他的父母和他的童年,了解他恐惧自己会变成什么样的人。

奥利瓦:他就是那个无可慰藉的人吗?

石黑:他就是那个无可慰藉的人。他的想法是,如果他成为了足够伟大的钢琴家,如果有一天他能奉上一场精妙绝伦的音乐会,那么过去的一切错误都会被修复。他有着这样一种不可理喻的想法。我想这就是他发现自己无法重返过去、无法修复过去的时候了。有时候,东西坏了就是一辈子的事。

(我们到了交易大厅,注意到五个日本人正朝着我们的方向疯狂地鞠躬。石黑一雄红头发的出版商正站在他们旁边,看着自己的腕表催促我们跟上。我们距离这些鞠躬看表的绅士只有几米的距离了,而我距离自己关于第四百二十四页的问题还有十万八千里。我看着石黑一雄,他已经伸出了手,准备把录音笔还给我。也许还有时间再快速地问个问题。我想问的是:如何看待那一刻,当一切看似即将迈入正轨……)

奥利瓦:你的写作安排是什么样的?

石黑:嗯,我会做很多规划。有一个阶段我是不写任何文字的,只是做准备。但是我尽量严格要求自己。我是朝九晚五的工作方式。但有时我会写到晚上。有时我什么也不做。

石黑:(耸了耸肩)我现在要走了。

奥利瓦:差不多就这些了,我想。

1995年6月

石黑一雄:扎根一隅之地

◎迪伦·奥特·克里德/1998年

原载于《凯尼恩评论》(新版)第20卷,第2期(1998年),迪伦·奥特·克里德授权转载。

我们将在位于芝加哥市中心黄金海岸的四季酒店碰面,这是访谈石黑一雄的绝佳场所,因为它和小说《无可慰藉》中的场景如出一辙。酒店一应俱全,包括仿古的家具和站在绿色遮阳篷下穿着制服上下打量我的人。我有点期待看到故事的叙述者瑞德蹒跚走过门口。刚想完这些,一个人真的走了进来,虽然四十几岁,却长着一副研究生模样,瘦削身材,头朝前耸着,看上去和我一样,与这个地方格格不入。他就是石黑一雄。我们打了招呼走进电梯,他打开一张纸质行程表说道:"和瑞德先生一模一样。"所以他也看到了相似之处。

在《无可慰藉》的世界里,乘电梯可以花上二十分钟的时间,陌生人可以变成你的妻儿,市中心酒店大堂的门后可以藏着与世隔绝的乡间别墅。小说中,从瑞德先生——这位举世闻名的钢琴家——到达酒店的那一刻,他就没完没了地被城里各色人等支使做了许多古里古怪的荒唐事,这些事经常和一份他其实从没见过的行程表冲突。最早的偏离是因为一位年轻而有抱负的音乐家——斯蒂芬·霍夫曼闯入了瑞德先生的世界,当时他正在中庭喝咖啡,和我们现在要做的一样。万幸的是,石黑一雄提出在他的房间里进行访谈,我立刻同意了,庆幸打破了魔咒。

房间里,有人留了一壶沏好的茶。石黑一雄似乎对墙上装饰的日本水墨画饶有兴趣。当我摆放录音机的时候,他走到日语写的酒店指南前。

“我一个字也看不懂。”他窃笑道，无可奈何又觉着好笑地一页页翻过。显然，这是对从小生活在英国，却有着石黑一雄这种日本名字的客人的习惯性假设。我意识到，这样的假设不仅酒店工作人员会有，他的小说读者也一样。

迪伦·奥特·克里德：听说你最初想做摇滚乐手。

石黑一雄：准确说不是摇滚乐手。我从来没有对纯粹的摇滚乐上瘾。我写了一些多愁善感的歌，用于原声吉他的演奏。我认为是迪伦让我第一次陶醉于文学方式的语言表达。他的歌词我听得格外仔细。

克里德：所以你对音乐的欣赏主要是歌词而不是旋律？

石黑：我喜欢的是整体，但是歌词是那种音乐非常重要的一部分。那个时候，年轻人经常听的歌一般都有那种含义，他们认为歌词隐晦了，大人们就听不懂。我曾经带着样带到处推销，我想大约二十三四岁的时候，我放弃了正经做这一行的念头。如果说是因为我长大了，所以不再钟情于那种形式可能不大好，因为其潜台词是摇滚乐低级。我只是没这个天赋继续下去而已。我的兴趣似乎自然而然地把我引向了短篇小说创作。

二十四岁那年，我报名了创意写作课程（在东英吉利大学），因为这看起来花的精力要少——一年上完后你要交的是一部小说而不是一篇学术论文。被录取时，我有点恐慌。我是夏天被录取的，秋天即将开始学习，中间那段日子，我自学短篇故事创作，为的是不至于到了学校丢脸。到了那年年末，我已经发表了所有写出来的短篇故事——我仅仅写了三篇——还从出版商那里拿到了第一部小说的合同，这些人至今仍是我的出版商。所以在经历了那么多年作为音乐家彻头彻尾的失败之后，我一转向写作，所有的作品立刻卖了出去。虽然我从未真正想要成为一名作家，但是在这个领域，我感到自己得到了上天的恩准。

克里德：你认为艺术形式间有共通性吗？

石黑:应该有。我并不觉得自己做了巨大的飞跃。艺术形式的内在体验是一样的。正是它的发展自然而然地将我引入短篇小说创作和之后的小说创作中。我能清楚地看到这其中的脉络。同样,在做音乐时学到的许多东西,我在创作小说的年轻作家身上也能看到。有时候,在一些小众文学杂志上,我看到有些年轻作家完全可以写出很好的作品,但是,其实我也在他们身上,看到了我在作词作曲时期同样的问题。举个例子来说吧,写歌的时候,我有过强烈的自传期,也经历过夸张的辞藻华丽期,还有过怪诞的试验期。我花了很大力气才分清卖弄写作技巧与恰当的艺术表现之间的重要区别。学习乐器时,技巧更突出,因而许多音乐家常见的败笔在于为了展示自己的造诣而炫技。一段时间后你开始能分清什么人能够演奏美妙的音乐,什么人只是演奏速度很快而已。我认为这当然对我的小说创作产生了某种影响。如果艺术创作需要某种炫技,这没问题,但是你需要一直扪心自问:这个效果只是为了给那些不会弹吉他的人留下印象,还是因为它能产生你所需的情感效果?如果你是个专业音乐家,那就是你一直要问自己的问题。你开始更多地从情感表达的角度思考,那开始成为你的第二天性。

克里德:这是如何表现在《无可慰藉》中的?你在书里尝试了一些非常不同寻常的东西。事实上,一些读者需要点时间才能弄清书中到底发生了什么,直到电影院中人们正在看《2001》的场景出现,克林特·伊斯特伍德在影片中……

石黑:那里错了。我的确认为那个错误糟糕透了。

克里德:是吗?

石黑:对,许多人从那以后问我:“你知道吗,克林特·伊斯特伍德没演过那部电影。”甚至连编辑也发传真给我,说:“你知道的,我查过了,克林特·伊斯特伍德没演过这部电影……”这是你可以在书里找到的与真实生活相左的地方。

克里德:我以为你是故意的。我以为你是写给那些还没明白过来的反应迟钝的读者。他们看到这里,就会说:“哦,是呀,这不是我们的世界。”

石黑:我想如果读者没看懂发生了什么,这种说法也未尝不可。我常常把它称作“梦的语言”。当我在梦里看电影的时候,它们和真实的电影类似,但是里面的演员会不同,这就是我为什么这么做的原因。回头来看,这和真实世界的差别太大。但是回到我们刚刚说的,创作《无可慰藉》时,我一直非常在意的问题是:我这样做仅仅是为了卖弄新的技巧吗,还是出于文学和艺术表达的需要?因为我尝试了很多新的写作技巧,而《长日将尽》用的都是烂熟于胸的技巧,当然我觉得自己没那么有把握。一定程度上,精心编排带来的新鲜劲在我写完《长日将尽》的时候就耗没了。对我来说,使出这样或者那样的技巧不再重要,所以这也阻止了我为技巧而技巧,这么做仅仅是因为确实有这个必要。《无可慰藉》中,许多东西是我第一次尝试,我想也许有时候自己的确因为从没人用过这种手法而特意选择。

(门铃响了。酒店服务生递给石黑一雄一堆叠好的缎子床单样的东西。门再次关上后,石黑一雄让东西垂落下来,展开来是一件蓝色的丝绸和服。)

石黑:天啊,他们真会讨日本客人欢心啊,是吧?(笑)

克里德:事实上,这是我想和你讨论的话题之一。你的前两部作品探讨的是日本人和日本,而且我知道,因为你的名字显而易见如此日式,人们也许会对你的作品有许多先入为主的看法。这些东西你会在写《无可慰藉》时尽量避开吗?

石黑:写《无可慰藉》时,这个问题已经不再困扰我了。《长日将尽》我是有意决定不将故事背景放在日本的。前两部作品中,我特别想诉诸我日本的一面。但等到第二部小说出版后，我开始在英国有名起来，我清楚地意识到自己被定型为一个居住在伦敦的日裔外国记者。报纸和杂志会因为一本关于日本的书要评论或者需要我就某个日本问题发表观点而给我打电话，我开始觉得很不自在，因为我对日本所知甚少。

克里德：你很小的时候就离开日本了……

石黑：没错，是这样。可以说我一直住在英国。显然我对日本的了解要比住在英国的普通英国人多，但可能还不如那些对日本文化兴趣浓厚的人。这么说也并不完全正确。我由日本父母抚养长大，我想自己非常了解日式家庭的运作方式，还有亲子关系、婚姻之类的东西。但是要让我评论日本经济形势或者八十年代日本人的所作所为，我并不够格。这些书很大程度上是我自己的想象，作为小说家，我希望写的是具有普适性的主题，所以当人们说"哦，做个日本人多有趣啊，因为你会有这样或者那样的想法"，我会有些恼火。我的想法是："我们的感觉不都是这样吗？"所以我有意让自己的下一本书远离日本，这让我自由多了。一部分原因是我想弄清自己受欢迎是否因为自己扮演了日本文化中间人的角色。我想看看人们是否可以纯粹因为我是个小说家而欣赏我，而不是因为我是个日本小说家。

克里德：你的前两部小说做了多少调研，还是你基本靠的是回忆？

石黑：我基本上靠的是回忆。一旦有了故事概貌，到了细节调整阶段，显然我是会查阅历史书籍的。这么多年来，身为日本人，我自然而然地就掌握了关于日本和日本历史的大量信息。事实上，在二十岁以前，我读了许多关于日本的内容，每次有日本电影上映的时候，我都会去看。现在回过头来看，这确实和我的写作欲望息息相关。日本对我而言是个极有魔力的地方，因为我总觉得自己有朝一日会回去，但是结果是我从未回去。这个叫做日本的重要所在其实混杂着记忆和猜测，随着时间的流逝，想象慢慢变淡，我急切地需要在它彻底消失前把它付诸笔端。

克里德：作家有多大的责任要去精准无误地描绘自己所写的特定时空？

石黑：这个问题一直深深地困扰着我。正如我之前所说，许多人会对我早年的作品有种期待。在英国，没有多少文学作品写的是日本——至少小说这块是这样——人们会说："哦，现在我明白生活在日本军国主义时期是什么样子了。"我大吃一惊。我一直很清楚，自己和普利莫·莱维不一样，他被关在奥斯威辛，后来写的所有作品都与集中营的经历有关。他是一个极端的例子，他是一个确确实实经历过历史上的重要时期，迫切需要证实这一切的人。我不一样，我没有这样的经历，也不指望将历史代代相传。在很多方面，我觉得自己是在利用历史谱写曲子，从而引出自己的主题。我不确定自己有没有歪曲了任何重要历史事件，但是准确描绘历史并非我的第一要务。无论是日本，还是军国主义，这些如今都是重大的问题，想到自己的作品会被当作历史文本，这总让我惴惴不安。写《长日将尽》的时候，我就觉得自由得多。歪曲整个民族的经历和军国主义狂热是一回事，歪曲管家们如何度过一生又是另一回事了。

克里德：你在多大程度上有这样的表达自由？你能写一个经历与你截然不同的人物，比如说，你能创作一个穆斯林角色吗？

石黑：我觉得我不行。我的好友中没有穆斯林。这个话题我连皮毛都不懂。我想，如果要创作这样的人物一定会让我大为惶恐的，除非这只是个无关紧要的角色。我通常这么来看。我觉得只有是自己了如指掌，并且深度体验过的情感我才能写出来。我会以此为起点，接着将这些情感或者问题放到或许颇为无关的角色上，比如管家，再对角色进行相应的调整。这就是一直以来我的创作方式。也许有一天我会找到创作穆斯林角色的理由，如果我认为穆斯林角色会让主题得到最佳呈现的话。接下来为了不歪曲或者是误导读者，我就肩负着做调研的重任，因为这是个相

当敏感的话题。我要担负的责任就大得多,和管家比起来……(笑)

你知道,《长日将尽》出版后,有趣的是许多为贵族服务的老一辈管家给我写信,这突然让我明白过来,即使是在管家的世界,自己也是有责任要担负的。但是我认为这很有意思,给我写信的三四个管家十分肯定我的作品。他们并没有觉得自己的形象被歪曲,或是被嘲弄了。我的态度是,作为虚构文学的作家,你应该有相当的自由去篡改,去发挥一点。但是,当你真的开始在重要的历史事件或者事实上误导读者时,你的自由也就到此为止了。只要你没过这条底线,我完全同意不用担心小说是否有着新闻的准确性,因为这并不重要。

克里德:《无可慰藉》里,就没有那样的冒犯之虞是吧?

石黑:嗯,这很有意思。即使在《长日将尽》里,尽管是以管家世界为背景,我依然会有点这方面的小麻烦。人们会说:"这个刻画很有趣,是对两次世界大战期间英国仆从生活的再现。"尤其当电影上映后,人们把它看成了纪录片,于是我很想写一本让人们完全陌生的作品,除了表达我的所思所想,人们不会再误作其他。然而,即使是《无可慰藉》,人们也非常乐意将作品局限在具体的事物上。我读到一些评论,说这是一部不加掩饰讨论共产主义倒台的寓言。(笑)

直到很晚我才决定使用日耳曼名字。在某种意义上,我可以把它们全部换成斯堪的纳维亚甚至是法语的名字。你知道,我要变换一些细节,改变某些房子的式样之类,但是你可以把它放在几乎任何场景。总的来说,这就是想象的场景。

克里德:你用的字眼是"想象的场景"。人们经常会把它形容为"梦幻般的",但我对于那样的说法不甚满意。我认为这像场梦是因为一切似乎都是个人思维的产物,这和任何虚构文学作品一样。作家们经常会努力营造一种幻象,置身其中的事物随意而凌乱,人们的举动也和真实世界不一样,但是这仍然是个人思维的产物,是作者思维的产物,就像梦境全由做梦人的思维所左右。你完全脱下了这层伪装。

石黑：我的确多次有意提到梦境。话虽如此，我一直觉得其他人的梦十分无趣。我想部分原因是如果一个世界任何事情都可能发生，那么这个世界里的大多数东西就毫无意义。我认为，正如你在清醒的世界中行事一样，这个世界还是要有一些一以贯之的法则。这些法则和现实主义小说中的行事法则并不相同，但我希望读者能够在经历最初的迷惑后感受到新法则的存在。我想检验的办法就是问："《无可慰藉》中一切皆可发生吗？"嗯，恐怕并非如此。如果在第三百页上，瑞德或者任何一个人物突然长出翅膀飞走了，我觉得这和在亨利·詹姆斯的小说中出现这样的情节一样大错特错。所以，虽然在《无可慰藉》中发生了许多稀奇古怪的事情，实际上只有八九处算得上真正怪异。所以作品在这个意义上说是梦幻般的。正如你说的，小说没有置身事外的作家伪装出的全知视角，介绍这是什么人物，那又是什么人物。小说大致上说的是，这是从某个人的意识角度看待的世界，所以它会大胆地借用在它看来能服务其所需的事物。瑞德先生可以将某些角色转变为他过去生活中的人，并且将整个世界扭曲成自己情感和情绪的表达。小说没有使用倒叙之类的传统手法让你了解某人从这一刻到那一刻的生活，我想这儿可以采用非常不一样的写法，显然，在有人闯入的这片天地里，一切都代表着他的过去和他对未来的恐惧。

克里德：比如说，一个他从未遇见的女性结果是他的妻子。有些评论家想把这描述为"失忆"，但是更重要的是，瑞德的过去从未被提及。正如你所说，故事是根据他的需求来写的。

石黑：是呀，当人们说他得了失忆症，我可一点不高兴。（笑）那似乎是在用真实世界里的说法来解释这一切。事情就是那样。如果说倒叙手法就像是用手电筒照向黑暗中的过去，照亮点滴供你破译的话，那么这更像是在一间完全漆黑的屋子里有人像这样拿着火把前行……（*他沿着咖啡桌的长边移动着自己的手，就好像在用放大镜阅读。*）瞧，你可以看见一小块光,但是你无法看见它的前面有什么,除非你回看刚刚走过的一截。我的头脑中就是那样一幅画面:瑞德能够记住之前发生的事情,但是再往前的事已经开始与黑暗融为一体。他能够看到眼前的一点点,但是太远了就不行。关于他的妻子,并非他真的忘了妻子,我觉得生活中很多事情会这样。我们的人生就像这个家伙在这四五天内的经历一样。他很清楚自己移动的这一小块,但是要是认为我们可以细致地规划人生无异于是幻觉。更多的时候是我们跌跌撞撞地走过,时不时需要停下来反省一下。我们突然会想:"怎么会到这步的?我住在这个地方,干着这份工作,和这个人结了婚,但是想想吧,我一直都是这样生活。"你被别人的行程和各种偶然摆布来摆布去,全程都在说:"是的,这是我有意决定的。"我们总是认为自己比实际有着大得多的掌控力。

瑞德经常看上去有点古怪,因为他答应了孩子一件事,转头又忘得一干二净。在我们的一生中,我们一直会这样。你答应你的朋友要一辈子是朋友,或者答应你的配偶你们会永远在一起,或者你要以某种方式生活,五六年后再碰见这个人,你会发现他们做着完全不同的事。你不会认为他们是疯了或者是健忘什么的,而是那就是生活的方式,因为五六年已经过去了。只有当你从特定的视角看待这一切,把它压缩在几天之内,它才显得古里古怪而已。

克里德:你之前说过,你感兴趣的是普适性的主题。你能再说得详细点吗?

石黑:我的意思是与大部分人有关,而不是只让一部分人有兴趣的主题。如果我要写一本关于六十年代英国政治的书,可能会吸引许多英国人,但是可能你就不会,或者法国人也不感兴趣。我确实认为有一些主题或者问题只是在当地非常紧要,或者是在某个特定的时段或地点,当然探讨这些话题也很重要,但是作为小说家,我想我在意的是我写的东西要能抓住五十年内,一百年内,还有来自不同文化的人群。

写第一部小说的时候,我不大相信它会出版,所以我考虑问题当然没有超出我碰巧认识的那群人的范围。等它出版了以后，在书店里上了架，我想，天啊，谁都会读到这部作品。接着，小说开始被翻译成其他语言，我有些恐慌，想把所有译本都重读一遍好知道它在——比如——一位芬兰老妇的眼中会是什么样。后来我要在世界各地穿梭，要在迥然不同的文化语境下向人们解释为什么会这么处理——就像我现在这样——对象是瑞典人、日本人等等，这确实提醒了我，等下一次我坐下来写作时，如果我想继续赢得所有人的心，我就要写普适性的东西。

克里德：你觉得我们的思维是不是越来越全球化？

石黑：嗯，是的，我想是这样。

克里德：如今的旅行似乎要多得多，我们看起来也联接得更加紧密。对其他文化的接触也多得多……

石黑：嗯，当然旅行变多了……我想无论是在国际商务领域、国际经济领域还是国际文化领域，如果只看一个国家，你很难在谈论这些问题时有什么真知灼见。你必须着眼于全球。这样做，我想，也是有危险的。东欧教授乔治·斯坦纳谈及他对英美文化正在占领全世界的担心，他害怕重要而精彩的多元文化会被英美文化的大毯子一统天下，从而侵吞了事物本身的天然活力。在我看来，也许有这样的危险，但是，在一定程度上，这又是危言耸听。我认为我们身边的文化越来越全球化，正是因为——用计算机的术语来说——有越来越多的平台让所有的一切同台竞技。比起二十年前，看遍全球电影，读遍全世界的书，变得越来越轻而易举。所以，在某种意义上，我是认为会有同质化的危险，但是从另一方面来看，我觉得这是健康的，因为它会让人们不再褊狭，就像英国这样。我觉得，如果作家们实际上觉得自己必须面对的是国际受众，而不是仅仅写他们自己镇上或者朋友圈里的发生的事，这是件好事。我的意思是，写写你的小镇或者你的朋友圈倒也无妨，只要你能意识到自己面对的是更大的世界就行。我经常想，国际化作品扎根的是一隅之地。

石黑一雄:索邦大学讲座

◎ 弗朗索瓦·加利/1999 年

原载于《当代英国研究》,第 18 期(2000 年 6 月)。文本由席琳·勒鲁瓦、娜塔丽·马苏利尔、琳达·特罗勒记录,由弗朗索瓦·加利和皮特·赫姆校订。《当代英国研究》授权转载。

石黑一雄 1954 年出生于长崎,这已是美国第二颗原子弹轰炸日本的九年后。他曾告诉《观察家报》:“还是个孩子的时候,我以为所有的城市都遭受过轰炸。”(1989 年 5 月 14 日)。五岁那年,他来到英格兰,父母定居在吉尔福德(这是 P. G. 伍德豪斯的出生地)。他们打算一两年后回到日本,考虑到归国问题,他们让孩子接受了一些日本文化的熏陶。但其实这一家人最后一直留在了英国。和萨尔曼·鲁西迪一样,石黑一雄受到非常典型的英式教育。在东英吉利大学,他完成了硕士学业,导师是马尔科姆·布雷德伯里,安吉拉·卡特也是他的老师之一。在此之前,他已经写了一百来首摇滚乐曲,在地铁和俱乐部里用吉他自弹自唱。石黑一雄创作了四部小说,分别是《远山淡影》(1982)、《浮世画家》(1986)、《长日将尽》(1989 年摘得布克奖,1993 年由詹姆斯·伊沃里改编成电影)和《无可慰藉》(1995)。最近的一部小说《我辈孤雏》已于 2000 年 4 月出版。

在英国文化教育协会的协助下,石黑一雄应“英语当代长篇小说”研究中心的邀请,于 1999 年 12 月 9 日莅临索邦大学,并在路易·利尔德厅作了学术演讲,起因是《长日将尽》已经成为竞争激烈的法国教师资格会考年度考纲中的一部分。

弗朗索瓦·加利:我的第一个问题有关《长日将尽》从标题到文末塑

造出的“仆役”风格。史蒂文斯的话语让人十分费解:冷淡过时,毫无感情,矫揉造作,缺乏幽默。你从哪想到这些的?当然,许多英国读者会立刻联想到吉福斯和 P. G. 伍德豪斯,达林顿勋爵听上去和伯蒂·伍斯特差不多。

批评家皮科·伊耶曾经写道,你笔下的管家如此英式,以至于他的所作所为几乎可以被视作日本人的行事风格。他补充道:“……有时候,史蒂文斯会称呼垂死的爸爸为‘父亲’,或者肯顿小姐会说出‘是那样吗,史蒂文斯先生?’之类的句子,他的表述就像是从日语翻译来的一样。”(伊耶,第 587 页)你是怎么做到将自己恰到好处地融入到小说语言中的?

石黑一雄:要回答那个问题,我必须先谈谈我刚开始写作的那段时间。《长日将尽》是我的第三部小说。创作第一部小说《远山淡影》的时候,我对风格一无所知,或者说,我一点也没关注叙事风格的问题。我努力做到的就是尽可能地表述清晰简练,完全没有意识到叙事者的风格有何特点。小说出版后,我有点吃惊,因为每一个评论家都在盛赞这精心打造的文风。这样的话反复被提及,我也总是因为感情收敛的文风而被谬赞。所以我只能高兴地回答道:“对啊,把这个融入进来并非易事。”但是等我静下心来,我开始觉得有些不安,因为这就是我自然而然的风格,我只是正常地书写而已。第二部小说《浮世画家》的情况还是一样。人物截然不同,小说主题也相差万里。再一次,评论袭来,盛赞这情感内敛、不甚自然的文风。所以我痛苦地发现也许这和我本人有关。

加利:应该是这样,因为他们都在强调这些小说发生在日本,或者部分发生在日本。

石黑:是的,这里还有个偶然因素。我要塑造的叙事者是个明显在说日语的日本人,虽然文本是英文的,因为我是用英语写作。所以,我要创作的是一种带字幕的语言,让人觉得这就是翻译。我没法让我的叙事者身为日本人却满口英语俗语。我要给读者的印象是,他们通过英语实际上读的是日语,尤其是在对话部分。从某种程度上来说,这让我有了备受褒奖的作品基调。我认为对作家或者艺术家来说，这是件很有意思的事：人们对你作品的反应使你了解了自己。这样一来，创作《长日将尽》的时候，头一次我有意决定继续这样的写法，我想的是："既然人们不断发现我的风格有如此特点，那么我要写的这本书，在某种程度上，将围绕这些特点大做文章。"那是我第一次用这种风格去探讨我们所谈论的这些东西。所以我会说《长日将尽》要营造的风格很大程度上就是为了探究这些起初无意而为的特质。我想，我是有点担心这是自己性格中根深蒂固的东西。从那个意义上说，虽然《长日将尽》绝非自传，却有些许我的影子在里面。也许人们并不会注意到，我融入自己性格上的特点，并做了夸张处理，由此塑造出了史蒂文斯这样的怪人。没错，我很清楚这些特点：冷淡，对情感世界的惧怕，希望利用专业和技能去掌控一切的冲动。所以我要说的是，第三部作品的风格确实是有意为之，只不过我展现的方式相当古怪。

加利：你的方式很巧妙，因为我们看完作品后立刻就明白，显然你其实并不赞同史蒂文斯的大部分观点。然而你却做到了让这样的基调贯穿始终。去扮演你也许并不认同的角色——至少是有时候不认同——一定十分困难吧。

石黑：对我来说吧，我觉得某种意义上更简单些。我一直觉得，如果笔下的人物或是第一人称叙事者表面上看起来与我相差甚远时，我写起来会更容易。让我觉得困难的反而是我不确定这个人物多大程度上就是我自己的时候。我记得早年当我试笔小说创作时，我要写的人物和我自己一模一样，他们生活的世界就是我所生活世界的翻版。这让我颇感头疼，因为所有的一切看起来单调乏味。这时候我才明白了一个悖论：奇怪的是，当你用表面上与你看起来截然不同的人物——也许是年纪相去甚远，居住的国家差之千里，生活的时代不一样，性别不同——来讨论人生时，我才觉得不那么束手束脚。通过这样的人物，我可以更加开诚布公地表达自我。也许是因为这样一来，就没有危险会被看作写的是我自己。此外，我觉得你可以更清晰地聚焦于这一特定人物身上吸引你的地方，而不会把自己的看法全盘带入这个角色。无论如何，从专业角度来看，我觉得那样的扮演，即这种“腹语”表演，其难度是被高估了。事实上并没有那么难。你看那些即兴表演的演员，经常是独角戏，他们每个晚上的表演都不尽相同。他们也许扮演的是兰尼·布鲁斯之类的角色，剧本都是即兴的。一旦你了解了这个人物，知道这个人如何说话，问题也就迎刃而解了。

加利：如果我们要从作品“声音”切换到聆听“声音”的人，那就来谈谈读者吧。你曾经在访谈中说过：“我感兴趣的是文字隐藏意义的方式……我所使用的语言其实会隐瞒意义，掩盖意义。”（沃达，第135—136页）你认为这样的写法是否造就了石黑式的读者？他们多疑（有点像一些侦探小说的读者），期望找到言外之意，会仔细考量不可靠叙事者的言说，寻找背后未曾言说的内容，他们有些精神分裂，知道如何在同一页上从二三十年代跳到五十年代。

石黑：我肯定这并不是我的读者所特有的。我认为读者们这些年来变得越来越精明。可能是大家都在读文学的原因。而且我认为，我们都应该这么看书。事实上，我相信，在看电视节目的时候，或者自己聊天时，我们也会这么做。我们不会对人们所说的一切都信以为真，尤其是政客们的说辞。我想特别是在西方，在民主社会，在大众传媒的时代，我们已经能够很老练地解构广告中、政客演说里或者谈话节目中的各种表演。我们学着接受他们所说的字面含义，转身离开后自然就会想：“哈，这个人真有意思！显然他们对这些东西忧心忡忡，局促不安。”我想我们都已经适应了这一切，所以如果我让读者不要只看表面的话，我并没有对他们过高要求。总的来说，我觉得这是非常有效的阅读方式，我喜欢那样阅读。当你在我的小说或者其他人的作品中读到某个人物时，你必须像生活中那样睿智，锻炼起这些能力。我很高兴看到读者那样做。

加利：所以，你的头脑里是有一个读者的，他一定要有一颗怀疑的心。

石黑:我想,对于怀疑这一点,正如你所说的,是这样。尤其在前三本小说里,特别是《长日将尽》,很明显我们读叙事者的文字不是为了找到故事的情节。我们实际上是眼睁睁地看着某人在和自己,在和他的回忆,在和他的良心玩捉迷藏的游戏。那就是作品所要表达的。与其说它讲的是发生了什么事,倒不如说它讲的是一个自我斗争的人如何评判过去。你看到的就是一个人在给自己讲过去的事,他稍稍有所改动,改动了回忆,从而为自己之前的所作所为找到正当的理由。那正是吸引我的地方。

我要说,对那种也许是精神变态之类的不可靠叙事者,我毫无兴趣。到了第二百页,你突然发现原来他身处精神病院。这让你有些吃惊,也许这更指出了明显的事实,那就是你读的是小说。我真正感兴趣的只有那些出于耐人寻味的原因而变得不可靠的叙事者,感兴趣的是我们成为不可靠叙事者的深层原因。因为大多数人自我审视的时候,为了能正视自己,我们不得不撒谎。所以,吸引我的正是造成不可靠的重要缘由。当你想到自己的人生是个败局,你如何保存体面?当你后悔之前的所作所为,你如何面对?那些东西带来的不可靠性耐人寻味。

加利:我的最后一个问题。这个问题和历史有关。我要引用《法国世界报》1990年2月23日妮可·贾德撰写的一篇文章,文章写道:"1954年出生的石黑一雄身上有种帕特里克·莫迪亚诺的气质,有着对乱世的执迷,他们因为出生得太晚而无法经历,这样的多事之秋却在他们的生命中留下了不可磨灭的印记。"所以,我想问的是你自己的历史观,以及它在你的小说,尤其是在《长日将尽》中的体现,但不光是这本书。这个观点事实上认为,你就是因为年龄问题而不得不回忆无法亲身经历的事件。

石黑:与历史的关系这个问题非常有意思。我认为对我这一代的作家来说尤为如此。我今年四十五岁了。这也适用于比我稍稍年长点的人。要是几年前,我对这个问题的回答会非常简单。我觉得我一直是把历史当作一种手法。我总是认为我和——比如说——像普利莫·莱维这样的作家有着根本的不同,他们经历了我们历史上的重要时刻,强烈希望证明这一切。我总是觉得我和其他同时代的作家就和寻觅拍摄地点的电影制片人一样。我们有了故事剧本，然后在历史书中寻寻觅觅，为的就是找到一个能让故事成为现实的时期和地点。

或者，我们审视历史时会想到："这段历史妙趣横生，我有兴趣，我要写本小说。"从某种程度上来说——我不知道法国是否同样情况——在英国，在七十年代晚期和八十年代早期，新近涌现出的年轻作家会有种自卑情结。他们的自卑情结是这样：我们生活的国家安定富足，却如温吞水般乏味。如果我们仅仅只是描写自己的生活，描写家门口发生的事，如果我们写的仅仅只是英国生活，就像之前一代代作家所做的那样，那我们创作出的小说会非常小众、褊狭。我们意识到，世界上有许多人开始认为现代英国小说只关注自身，执着于别人毫不在意的阶级问题。我觉得这和大英帝国的垮台有一定的关联，对于一代又一代的英国作家来说，曾几何时，他们根本不需要担心狭隘的问题。你写的英国阶级体系会因为这个庞大的帝国自动有了国际意义。我想美国人现在就处在这样的地位。就算写的是曼哈顿夜总会，这种只关注自身的小说也能让全世界的人兴趣盎然，因为美国文化占据着主导地位。

英国人在过去的很长时间内都是这样的态度。也许正是战后的这一代突然意识到英国就只是英国社会而已，它突然变得很渺小，而时代感兴趣的重要问题，那时候主要是共产主义和资本主义，或者是第三世界，或者是南北问题，这些统统发生在其他地方。东德和非洲的作家已经有了现成的东西。偏安一隅的我们能做些什么？我想很多人的答案是：要么你将故事背景设在非洲或者东欧——有些人确实这么做了——要么你回望历史，走到过去，当时的一切支离破碎，所有的东西，比如民主和稳定，都岌岌可危。如果你放眼八十年代涌现出的英国作家，如萨尔曼·鲁西迪、格雷厄姆·斯威夫特、伊恩·麦克尤恩，你会发现许多作家一次次地回到战争，最近更多的是回到一战（比如像塞巴斯蒂安·福克斯和派特·巴克），这并非偶然。

抱歉，我回答了这么多，但是长久以来，我一直与此斗争，因为我一度认为这样利用历史有些不妥,有些不真诚。就我本人的情况来说,我非常明白——尤其是第一部小说——我出于自己的目的,利用了长崎和原子弹产生的联想。对此我颇为惶恐。曾经有一度我甚至觉得创作严肃主题的色情片也是可能的。只要提到大屠杀或者原子弹,你就可以轻而易举地赋予小说某种分量。只消谈到这点,原本平庸无奇的故事瞬间有了意义。这总是让我不安。

但是我认为,如今我的答案会有些许不同。近来,我非常清楚地意识到,年长的一代,也就是经历过战争的我父母的这一代,事实上正渐渐离开人世。就在两个月前,我参观了波兰的奥斯威辛集中营——只是为了看一眼而已——这个问题也是国际奥斯威辛委员会试图要解决的。随着这些有过亲身经历的人慢慢逝去,我们该如何保存这一悲惨世纪里的诸多教训。当然,对于那些今年或者明年才第一次有投票权的年轻人来说,甚至连冷战也是段遥远的回忆。突然,我觉得我们这一代也许现在应该担负起将这个世纪先前发生的一切好好保存的责任,因为我们现在是最佳人选,通过父母和他们告诉我们的一切,我们和战争有了遥远的联系。从小我们成长在战后环境中,经历了冷战时期。最近我觉得我们又多了一份责任。突然我们也许不能再利用历史了,随着老一辈的离去,一些责任现在落在了我们的肩膀上。

加利:这事实上让我们想起了三十年代,当时也有类似的事情发生,作家们笔下的一战并不是他们的亲身经历,而只是从前辈那听来的而已。

现在到了我们观众的提问时间。

观众:实际上,你已经部分回答了我的问题。弗朗索瓦·加利之前说过,史蒂文斯无论情感上还是政治上都是大错特错。如果我没记错,你在一次访谈中说过,我们都是管家。所以我想问的是:除了别的之外,你在小说里探讨的是政治上的奉献吗?

石黑:对,我记得我说过“我们都是管家”这样的话。实际上我可能就是在美国说的。在美国,你必须那么说,你必须说得俏皮、明快,这样才能引起人们的注意。你知道……《长日将尽》之前的作品主要讲的是个人职业生涯与政治的关联。我感兴趣的是:"怎样做会浪费生命?"我想看的是,对于一个初衷良好、勤勉努力的人来说,蹉跎人生会有多么轻而易举。因为他没有真正了解自己行为处事的政治环境。所以,之前吸引我的是在日本历史上非常特殊的时代背景下努力工作投身事业的人,当时政治鼓吹不断,军国主义肆虐横行。但是,等到我开始创作《长日将尽》的时候,我想在这本书里做的事情有两件:一是继续从政治性深入探讨作为管家的存在,同时我还想发掘的是作为管家的情感维度。

既然你问到了政治方面,对,我是这样……当我说"我认为我们都是管家"时,我的意思就是:我们大多数人没有手握大权,没有掌管大公司,也不是国家的总统。我们有自己的工作。我们的工作有大有小,我们做着自己的那份活,尽可能地把工作做好,并为此感到骄傲和自豪。我们常把成果奉献给比我们职位高的人,这就是我们微不足道的贡献。我们也许把它献给老板或者我们工作的机构,或者献给一项事业……通常这都是命中注定的。我们尽力做到最好,并且希望这份成果能服务于我们认同的事业。但是,通常的情况是,我们对此无能为力。这常常是因为我们中的大多数人缺乏敏锐的眼光,无法看清自己工作和生活的环境。那就是我们大多数人在人生中的所作所为。我们努力做好分内小事,努力让自己感受到它的重要,并把它奉献给位高权重之人。但是对于贡献究竟是用于正义还是邪恶,通常我们只能任凭上级的摆布。所以,对我来说,这个管家的形象就是个隐喻。管家引以为豪的东西也许在大多数人看来愚蠢而琐碎。他没有问过自己的主人是谁,没有问过他究竟在帮谁。当然我们觉得他那样做难辞其咎。我们只能希望身居高位的达林顿勋爵是个好人。其实我们贡献的方式如出一辙。对此我们做不了什么,因为那就是我们在人生中的处境。

观众:《长日将尽》事实上有着典型的英伦风,有时你会觉得它过于英式。我想知道你到了英国之后接受了什么样的教育,你和你在书中力图复现的英国背景有着怎么样的关联?

石黑:我应该说,《长日将尽》中展现的英国和我实际成长的英国并无相似之处。我之前从未碰见过管家,直到我出版了《长日将尽》以后,我才收到管家的来信!我幼年到达英国时,那个P. G. 伍德豪斯生活过的英国已经消失得无影无踪。当然,正如弗朗索瓦·加利所说,我成长在吉尔福德。这是个非常富足的中产阶级小镇。事实上,我认为许多数据都表明这是英格兰最富裕的地方。它是个典型的中产阶级小镇,非常适宜居住,距离伦敦大约三十英里。那时候,人们会表现得格外虔诚,信奉基督教,去教堂做礼拜,吉尔福德是个深受英国中产阶级青睐的体面之所。我的父母现在仍然住在那儿,所以他们对英国的了解并不真实。他们认为整个英国都是如此!我同意你说的,英国或者《长日将尽》中的英格兰(我有意作了区分,因为我觉得苏格兰和威尔士与英格兰不尽相同)过于英国化。我有意把那样的英格兰拼在了一起,这是个神秘的英格兰。它并非大多数英国读者能根据自己的经历辨认出的英格兰。一定程度上,我这样的处理强化了英格兰历史建筑与古迹委员会产业所兜售的神秘英格兰的形象。你知道的,当你在英国游览时——像国家信托组织之类的机构——你就是接受了他们宣称的英格兰,有着宏伟的宅邸、冷若冰霜的管家,宾客在草地上吃着茶点,到处是举止优雅的上流人士。

现在有种怀旧产业,一定程度上,我就是想利用那些成见,一部分是因为再现伍德豪斯的世界十分有趣,但是去颠覆,将那个神话有些改头换面,从而来展现它黑暗的、冷冰冰的一面也十分有意思。所以很大程度上,我努力营造的就是神秘的英格兰,也许这就是为何它看起来过于英式的原因。我认为这也是作品在全世界销路甚佳的部分原因。全世界的每一个人,他们从未来过英国,却对英国有着这样的印象。所以这是一种国际产物,是一种国际性的神话。每个人,无论身处何地,是在非洲还是在远东,都清楚地知道英国管家是何等模样。所以这就像拍了一部西式牛仔电影。你创设了一个虚幻世界,但通过融入一个国家的神话或者一种文化的神话,你可以讨论一些非常耐人寻味的事情。

观众:你用英文写作觉得自如吗?

石黑:我不会用日语写作。我必须要说明的是我对日语创作一窍不通,所以英语可能是我使用最为自如的语言了,但是是否真的用起来得心应手就是另一回事了。当然,直到五岁我才开始说英语,我的父母英语仍然讲得很糟糕。如果你见过他们,你会觉得他们就是日本来的游客!所以我学习英语完全靠自己,靠的是和朋友们混在一起学会的语言。现在我的英语说起来已经很流畅了,但是在创作时,经常有一些口语表达,尤其是过去时代使用的语言,我用起来不是十分肯定,因为我的父母自然没法为我提供这样的背景知识。所以,我认为最开始我们谈到我笔下的叙事者表现出的谨慎,在一定程度上也许是为了遮掩我在使用英语时的字斟句酌。也许我总要对自己的选词考虑再三。也许是因为,和那些完全由英国父母带大的人比起来,我和英语的关系总有点不那么可靠。

甚至现在我仍然认为,即使是在最新的一本书里,我的叙事者是英国人,但是他说话还是很像翻译过来的。我觉得总有东西让我的英语小心翼翼。但是从某些方面来说,身为作家这并非坏事。我觉得太流畅也有危险,你不会审视自己所说的内容,你会说得过多。有趣的是,塞缪尔·贝克特事实上决定用法语写作,因为他觉得法语会使他严谨。如果你的语言背景是喜好冗长的爱尔兰语,这样做有点道理,因为你很容易就会让你所精通的语言、你所烂熟于心的语言削弱你的艺术意图。

加利:你谈到了《长日将尽》的成功,谈到这本书在很多国家广为阅读。所以我想就《长日将尽》问一个有关世界文学的问题,显而易见,许多人必须通过译本来阅读你的作品。你说过:“我要写普适性的东西。”这种理念适用于《长日将尽》吗?我指的是世界读者的理念,这些拜读你的作品的全球读者。

石黑:我认为适用。就像我刚才所说的英国神话,我认为就是一种国际性的看法。在一定程度上,《长日将尽》中再现的是外国人眼中的英国。我认为那个时候,我是在有意识地为国际读者创作。我说的"有意"并不是指我坐在桌前费力营造,我认为对于眼下出版过作品,甚至小有成就的作家来说,尤其在他们用英语写作时,这是相当自然而然的一件事。他们被派往世界各地讨论、推销他们的译本,当然也包括在美国这样的英语国家销售作品。

出版第一部小说时,我从没想过读者会超出我的朋友范围,所以当我发现我的读者五花八门时,我相当惊诧。等到作品开始被翻译成其他文字时,我已经惶恐不安,我从没想过会有其他民族的人看这本小说。然后我发现自己要去挪威这样的地方,或者是——我们就拿挪威做例子吧——我在酒店里待了两三天,接受了许多采访,向文学记者们阐释作品大意,和他们解释为什么我会这么写,等等。现在,情况是这样——经过两三天的密集轰炸,坐在挪威的酒店房间里探讨作品后,你回到家,开始继续工作,继续你的创作。你会不由自主地时不时想起这些挪威人,你会停下来思考:"我不能那样写,因为挪威人看不懂。"嗐,挪威人有很多东西看不懂。比方说,他们不理解英语中的双关。等到翻译的时候,这些双关都消失得无影无踪。所以这种依赖文字游戏和妙语连珠的语言,不管在英语中多么妙趣横生……你会突然想到:"好吧,这也许在挪威毫无意义!"

不仅仅是语言范畴会这样,甚至比方说,当你描述一个人物,说他住在什么样的伦敦社区,或者身着出自某个设计师,比如保罗·史密斯之手的服装时,也会有这样的问题。如今,对于住在英国的人来说,如果我用这些字眼描述人物,说他居住在伦敦某个社区,比如说诺丁山,他的所有服装均出自保罗·史密斯的设计,这就已经将他界定得一清二楚。但是挪威人听了当然会一头雾水。同样道理,即使是住在伦敦的人,再过十年也许他们也会一脸茫然。所以不要再用这种手法,不要用带有当地色彩的语言来描述你的人物。在我看来,甚至不止于此,甚至包括题材、主题和你使用的幽默,等等。这些挪威人开始让你心有余悸,你选择这样做而非那样就是因为这些挪威人。当然了，这是你所说的“文学全球化”非常有趣的一面。许多事情都处在动荡之中，也许是令人激动的动荡，但有时候全球化带来的动荡又会具有破坏力。文学世界也许只占据这一进程中的一个小角落，但是我认为此刻正发生的一切意义深远。

我觉得许多作家虽然对此不甚了解，但正是因为这群挪威人的存在，他们已经开始在写作上有所不同。而且，在我看来，如果英语作家面临着这样的问题，那么对于，比如说一位挪威作家来说便更是如此了，他们意识到如果想拥有庞大的读者群，想在文学领域找到自己的一席之地，他们的作品一定要被翻译成英语、法语和德语。他们必须通过这些使用更为广泛的语言来与读者对话，这对实际产出的作品产生了重大而深远的影响。我认为这样有利有弊。好处在于作者可以着眼整个世界，不会只关注本国，这样他们也许会有着外向的国际视野。

当然，这样做的危险在于，一些至关重要的东西会在文学的同质化中消失，也就是人们对所处环境的了解和对自己文化下使用语言的熟悉而产生的的某种强大能量。这一切也许都被设法抹去了。我们最终产出的作品和《新闻周刊》或者《时代周刊》大同小异，虽然这些杂志都很优秀，但是你能看到这其中的影响，一种“麦当劳”式的影响，连严肃文学也在劫难逃。这让我忧心忡忡，我十分清楚这一点。我自己同样深受其害，而且我熟悉的许多作家也未能幸免。

加利：确实存在这些危险。上周，我们和来自英国、美国的作家在索邦大学开了一次研讨会，事实上，我们也谈到了这一点。我们发现许多英式英语创作的作品不得不被翻译成美式英语，这些改变就是因为一些美国读者不喜欢作品中太过英式的东西。也许你的挪威读者希望了解英国人，了解他们的生活方式、说话方式，甚至是典故和双关。所以是否要“抹去”是个很复杂的讨论，借用你刚刚说的词。但是比方说《长日将尽》就是个极好的例子，有人说它特别英式，然而却有着广泛的读者群，你并没有抹去什么。

石黑:我抹去了。我在写那本书的时候,完全意识到了这一点。这就是《长日将尽》这类书的悖论所在。它看上去很英伦范(所谓的英伦范)。这是国际读者们所理解的英伦范。但它可能不是生活在英国的英国人眼中的英伦范。准确来说,它是为全世界外国人编造出的英国。我认为这就是矛盾之处。那本书中没有什么地方需要你对英伦文化了如指掌。它假定的前提就是你对此所知甚少。你完全不需要了解英国文化的内情,书中没有什么笑点是只有英国人才能懂的。你也不需要熟悉英国剧院或者音乐厅,或者那种场合下的言行举止。这是个已经能为外国人接受、已经翻译好的英国。

加利:然而管家们给你写了信,认为写的是他们的故事。

石黑:没错,的确有两个管家给我写信了。但是管家的问题在于,他们都太文质彬彬了,没有说实话。当然,我认为这部小说被改编成了电影,一部好莱坞电影,绝非偶然。他们不需要做太大的改动,因为一切已为国际受众做好了准备。

观众:你能和我们谈谈詹姆斯·伊沃里执导的这部电影吗?电影不仅在美国大受欢迎,在全世界亦如此。成为你自己作品的观众是何感受?你认为电影是否真正表达了你希望在故事中表达的精髓,还是说艾玛·汤普森和安东尼·霍普金斯的演绎于你而言太过奇怪?在他们的表演方式和对人物的解读方式中,你还能辨认出自己吗?

石黑:嗯,首先我想说,我对电影十分满意。主要因为我觉得电影拍得很精彩。这部电影由哥伦比亚电影公司出品。他们买下了版权,这实际上是让你最为担忧的时刻,因为你必须接受这和独立出品的电影截然不同的事实。所以我做了最坏的打算。当然对于谁来执导我一无所知。他们尝试了不同的导演,有皮特·威尔、西德尼·波拉克,最终定了詹姆斯·伊沃里。有段时间,麦克·尼古拉斯也要做导演,最终他当了制片人。所以每次换导演,我想象出的电影都会不一样。在我看来,最终的成品严肃而真诚。我觉得这部电影并没有因为要投放国际大众市场而做出多少妥协。我十分满意这部电影,我觉得表演水准也很高。

当然说了这么多,我认为它还是和小说有所不同的。当然有许多相似之处,从情节来看,它非常忠实地再现了小说,但是氛围大不相同。我的观点是电影并非另一种翻译。对于法语翻译或者德语翻译,我有一定的权利要求忠实于我的英文原文,但是对于电影,我觉得就是另一回事了,也许有时候作者会错误地认为电影就是一种翻译。实际上并非如此。它只是一部碰巧同名的影片而已。我觉得作者最多期望电影本身是部好片子。如果它真的接近原著,这算是额外奖励了。我觉得电影拍得很棒。

改编是不可避免的。你知道,电影是实实在在展现出来的。它不可能像小说那样发生在人的头脑里,所以电影更加具体,更加现实。在某种意义上,奇怪的是,我认为电影是更加清晰无误地被置于时空和历史中,因为必须如此。每到拍场景的时候,你必须决定演员周围的房间是何等模样,他们身着何等服装。我觉得这很像是对特定时期的历史复现。

而我的作品则意在隐喻含义,因为你无法真正看到场景,所以更容易插上隐喻的翅膀。话虽如此,我知道从美国中部等地的反馈来看,他们的确从隐喻的角度看待这部电影,尤其是情感压抑的问题。美国人十分热衷于此,许多美国女性写信给我说她们在电影中看到了自己丈夫的影子(笑),所以我看到这部电影很契合奥普拉·温弗瑞式的关注。

不过,我在英国的文学经纪人对此做过非常睿智的评述。她说,电影中两个主人公——史蒂文斯和肯顿小姐——之间的关系主要是情感压抑。他们互相爱慕,却过分压抑。她说小说却并非如此,小说讲的是克己。我认为这很有道理,书中人物间的关系有很大的克己成分在内。并不仅仅是因为他们冷若冰霜,所以互相不愿倾诉衷肠。他们事实上在一定程度上感觉到——史蒂文斯肯定如此——出于某个道德原因他压抑自己,不苟言笑。他肯定觉得这就是克己忘我。

所以我会说电影有些许差别,但是我认为这是部精彩绝伦的佳作。

我很自豪与这部电影有关，但是我也必须接受的是这部叫做詹姆斯·伊沃里的《长日将尽》是我的《长日将尽》的堂亲，是一部不同的作品。这是一部我深为喜爱的作品。

加利：我们也很难将你的人物形象化，因为你并没有提供太多，我的意思是你让我们发挥自己的想象力。所以显而易见，我们在银幕上看到了艾玛·汤普森和安东尼·霍普金斯。你对此有何看法？你自己会把你的人物形象化，但不愿告诉我们读者吗？比如说，我们的确不知道他们的衣着和长相。

石黑：我从来不会在一本书里限制视觉细节的可能性，因为我认为它们在读者的脑海里会表现得最惟妙惟肖。所以我很少会描写人们的外貌甚至是屋子的布局。我只会选择一两处细节，我认为读者的头脑会填补细节，尤其在当下更是如此。上个世纪也许还不是这样，但是如今，一般的读者阅读任何一本书的时候都会带着很多画面。比如你提到一艘远洋巨轮，很快《泰坦尼克号》之类的电影画面就会涌入你的脑海中。我们现在有着非常繁多的视觉形象，所以你真的无需过多描写。你只要在读者的脑海里操控这些已有的形象即可。我一直更喜欢那样做。

说到演员，嗯，这段经历很特别，因为人们总是会推荐不同的演员。约翰·克里斯是史蒂文斯的第一个人选。但是为电影选角是个很特别的问题。

加利：那么当时选角的时候你有话语权吗？

石黑：呃，起初是英国剧作家哈罗德·品特，他写剧本，还有那个本来要做导演的麦克·尼古拉斯。情况是这样，在电影公司真正买下版权之前，你是有一定权力的，因为你可以说："我不喜欢这样做，我要把它卖给别人。"但是从他们付了你一大笔钱的那一刻起，这就成了他们的财产，他们可以随心所欲。你完全没有话语权。我的对策就是不管不问。如果你一点实权也没有，何苦要自讨没趣呢？不管不问就好了。

观众:《浮世画家》和《长日将尽》有许多相似之处,所以我想问的是两部小说的叙事者针对的听话人都是"你"。我的意思是二者既有相同点,也有不同点,为什么两个叙事者都一以贯之地针对"你"这个叙述对象?

石黑:《浮世画家》的叙事者和《长日将尽》一样,都在讲故事的时候有意提到"你"。在《浮世画家》这本更早的小说中,我的主要内容有一部分就是要表现人们的道德观会何等地褊狭。小说讲的是一个永远无法看到井底之外的艺术家:他被困在了这座城市。他悲惨的命运完全由此而来。他极力希望为伟大的事业鞠躬尽瘁,但是因为目光短浅,他无法看到自己圈子以外的天地,所以最终的结局就是,随着日本军国主义的日益猖獗,主人公不加质询地将自己的绘画和才干献给了三十年代的军国主义宣传。这就是小说要讲述的故事。

我希望当他战后叙述故事时,即使是在战后,他也无法想象自己的故事会被并非与他同住一城的人听到。所以整本书里我决定让他有诸如"我肯定你对这个或那个地标十分熟悉"或者"也许你是第一次来这座城市,所以你并不知道战前这里曾有过这样的建筑"之类的表达。这就是他对于听话人最大能力的想象了,最多这个人可能刚来长崎,之前住在其他地方。

我希望营造的效果是,读者并非叙述者直接针对的对象,实际上,读者是在偷听这位与世隔绝的叙述者和自己想象中的听众对话,这是他唯一能想到的愿意听他说话的人,他假定这个人住在和自己一样的社区,对当地历史如数家珍。

我在写史蒂文斯的时候,故事大同小异,侧重的是职业-政治方面:这个人眼界狭隘,所以无法认清自己所作所为的真正意义。所以史蒂文斯假定的"你"是另一个仆人。他事实上无法想象会有外人闯入的世界。我认为这对我的写作目的大有裨益,因为这就是小说要表现的内容。正如我关于《长日将尽》所说的那样,我希望读者能从隐喻的层面阅读这些作品,我希望读者能看到史蒂文斯眼界的狭隘,看到他那方天地的局促,然后想到:"嗯,如果有人从其他角度来看我的世界,也许它也狭小不堪。"所以对我而言,营造出这种狭小或"褊狭"的氛围十分重要,这就是他眼界的局限。我觉得这样写毫不费力,十分简单。

观众:谢弗教授将你笔下的人物形容为"极端自我主义者""愧疚不已,力图将自己的羞愧或者内疚转嫁他人"。我想知道你的下一部小说是否打算继续这一主题?

石黑:我的新书马上就要出版了,我想内疚的主题可能还会有……我从未深入思考过这个字眼。我觉得批评家们用"内疚"这个词来形容我作品中的场景无可厚非,但这并非我的作品深入探讨的概念。我觉得无论如何我对卡夫卡式的原罪毫无兴趣。

更吸引我的是你意识到自己蹉跎了才华,这样的感觉让你郁郁寡欢。我从未想过要写那种执掌纳粹集中营之类的人。当然,《长日将尽》或者《浮世画家》中的角色确实为纳粹主义推波助澜,但他们的影响微乎其微。与其说他们犯下了任何滔天罪行,倒不如说他们自己的生活受到了纳粹主义的玷污。

因为没有成长在罪孽意识强烈的宗教环境之下,我本人对于"罪"也没有很强烈的宗教概念。然而,人们总有要完成的某种道德使命,如果谁没完成,那么他的人生就不圆满。这种萦绕于心的念头,我想在我的作品中,在我刚刚搁笔的这本书里,一直都有所体现。同样,我不大会把它称作"罪",但是差不多说的就是这种毫无理性地要去完成某种使命的冲动,纵然这一使命愚蠢枉然。

人性的这一点一直让我兴趣盎然。也许是因为在我成长的年代,年轻人都非常理想主义。我们给自己担上了重大使命,比如让人类日臻完善,等等。仅仅只是养家糊口并不够。在我成长的年代,当我还年轻的时候,人们相互竞争的是所支持的正义的政治事业,竞争的是在工作单位中的地位,竞争的是它们是否有助于人类。我们为这些东西竞争得头破血流。

一直以来让我津津乐道的是,人类并非猫、狗、奶牛这样的动物。其他生物对于吃吃睡睡、繁衍、死亡的生活心满意足。这样的生活于他们而言完美无缺。我们则大不相同。我们时常驻足反思“这样做足够好吗?”之类的问题。我们行事古怪,甚至近乎执拗,因为我们想要实现做善事的愿望,虽然并没有人知道何为善事。我肯定猫啊奶牛啊之类的动物并不会为这些事烦扰,但是我们却会,所以这总让我兴趣盎然。我想,我塑造的所有人物都为人类的这种特有问题而困扰。我要说的是,这并非“罪”,这个概念会有些误导。

观众:你提到被浪费的人生,还引用了经纪人的评论,认为电影讲述的是情感压抑,而小说讲的是克己忘我。请问你对人类的真正看法是什么?你是信奉决定论还是认为人有一定的自由意志?

石黑:事实上我们度过的一生,一定程度上,就已经暴露了我们在决定论还是自由意志这个问题上的态度。当然,如果你从纯粹智力的角度来问我相信哪一个,我不确信自己能否回答你这个问题,因为关于达尔文主义的最新争论——新达尔文主义——已经将这个问题变得愈加复杂。不过,我要说的是建立在这一前提之上,那就是,没错,我们的确对于如何度过人生有着相当大的自主权。

当然我们也受到限制。不过,如果你将讨论仅限于我的作品,把这个问题缩小点,我要说的是,我相信人们对于自己的人生实际上是有主宰权的,只要他们能够更好地看清自己生活的环境,只要他们能够明察事理。当然,我们仍然在一定程度上受制于决定性的力量。《长日将尽》的结尾十分耐人寻味。这段镜头中有一架巨大的直升机。它从宅邸边飞过,瞬间你感觉到那座宅子代表的世界突然消失得无影无踪。它变成了风景中小小的一个点。一定程度上来说,这就是我们所需要的:间或有一架道德上的“直升机”,这样我们就能拉远了看自己的生活,看清自己的所作所为,这样我们才不会成为史蒂文斯那样的人。这就是大多数人的悲剧。人们很难置身自己所处的时代环境之上,超脱于周围人对于什么可以赢得体面、什么则不行的评论之上。我们很大程度上就是它的奴隶。

如果你知道你会因为某些所为而被大加称赞,因为其他所为受到谩骂,你就很难做事。你很难不去做那些会被称颂的事,也就很难看清自己究竟在做什么,我想这一点是我在所有的作品中想对自己言说的内容之一。当我写下这些故事时,大部分时间是对自己的一种警告。它们其实是我发给自己的讯息,发给自己的备忘录,为的是提醒自己不要沾沾自喜,不要自作聪明、自鸣得意。有些人有时候会心满意足,洋洋自得,坚信自己的所作所为很有意义。但仅仅只是历史上的一个小转变就突然表明他们原来大错特错。有时你没有一架直升机,但是有的时候历史为我们提供了这架直升机,这就是我想在这些作品中表达的。没错,如果我们能有这样一架直升机的话,我们的行事会有更多的自由。

观众:由于《无可慰藉》被公认为自成一体,你认为这本书与其他作品相比有何不同?你如何看待和卡夫卡相提并论?你对于自己被划为"后现代"有何看法?

石黑:《无可慰藉》可能的确迥然不同。我的前三部小说事实上写的是同一本小说,这样说我并不羞愧。也许我应该为此感到内疚,但这就是实情。每当我完成一部小说,我总会觉得自己没有完全以我设想的方式解决某些问题,所以第一部小说中的次要情节讲述的人物很像史蒂文斯或者第二部小说的小野先生,我意识到第一部小说里,其实我更感兴趣的是这个次要情节,而不是别的,因而我决定就以那个故事为基础再写一部小说。

简而言之,三部小说中我感兴趣的是回答一个非常简单的问题:你如何浪费生命?归根到底就是那个问题。就像那些美国流行的"如何做某事"系列书一样,这说的就是"如何浪费生命"。

加利:这样的书可没人买!

石黑:书会告诉你一些如何浪费生命的小建议。写完《浮世画家》后,我觉得自己已经就如何在职业生涯中蹉跎人生写了一本很好的操作指南，但是关于人生中的情感领域和个人领域我还没有讨论充分。在我看来，还有许多浪费生命的绝佳方式。纵然你有着拯救世界和穷苦大众的辉煌事业，你的人生仍然莫名地“一贫如洗”，你的生活一败涂地。

这一切是因为你在个人生活中无法去爱，无法建立起得体的关系，所以我决定在《长日将尽》中把我的第二部小说再写一遍，只不过这一次加上这一维度，而且我认为如果我把场景从日本换到英国，也许人们不大会发现二者的相似之处。所以实际上那三部作品是一而再、再而三的尝试。

写完《长日将尽》后，我觉得自己已经穷尽了那一过程，所以我在《无可慰藉》中探讨的话题有所不同，这很自然。作家面临的难题之一是你要在人生的某个阶段找到自己的文学风格。人们因为这个风格而赞扬你，并把你的人设立为擅长于此的高手，但是当然你会改变，你的人生会改变，随着年岁渐长，你这个人会变，身为作家可能亦如此。我经常看到有的作家依然沉迷于二十年前或者二十五年前适合自己的写作技巧和写作风格。这确实有难度，因为风格不会从天而降。换句话说，写作技巧不会随着人在世上的变化而变化。我觉得自己在这方面身陷困境。

当开始动笔写《无可慰藉》的时候，我要比写前三部小说时的自己年长得多。我的人生发生了翻天覆地的变化，我的整个人生观可能已经不复从前。我认为我不大满意这样的观点，即你会像史蒂文斯或者小野先生那样，在人生后期的某个阶段回望人生，清晰地看到走过的路，并且能指出自己在何处酿下了错误。不知为何，我并不是说这种观点不对或者不切实际，而是莫名之中，它就不再契合到了那个年纪的我对人生是怎样，或者人生可能会怎样的看法。我没什么把握可以把人生看成一条清晰的小路，而你只是在其中转错了几个弯。

在《无可慰藉》中，我想表达的就是人生没有那么尽在掌控，也没有一条人生之路。命运、环境、决定性的力量挑中了你，把你置于某处，然后你会说：“哦，对呀，我很高兴自己选了这份工作，我很高兴和这个人结婚。”然后你宣布自己将来的打算。然后这阵风又把你卷起放到了另一个地方，你会做着完全不同的事，所处环境奉行的价值观也和先前相去甚远。

为了适应你被扔到的地方,你改变了一切,你会说:"是的,你知道的,我在这家公司工作是因为我相信全球化。"但是事实上,这是你唯一能找到的工作。我们就是这样度过人生——为自己的处境找些冠冕堂皇的理由。这里我并不想下任何明确的论断,但是创作《无可慰藉》的时候,我想改变之前的那个套路,虽然这个套路对写小说很管用。按照这个人生之路的套路,围绕人们踏上了错误之路大做文章,你可以写出顶呱呱的小说。但是我认为,如果我们思索再三,我们会发现生活并非如此。生活通常是一团乱麻,人们丢失了自己的行程表,却尴尬地不愿承认。那成了我的小说原型,而不再是那条回望的人生之路。这就是主要的区别。

我可能没有时间讨论卡夫卡和后现代主义了。我仍然不知道后现代主义是什么。我实际上读书涉猎不多,尽管我对爵士乐如数家珍。像莎士比亚的书我读得很少。最近实际上我开始读莎翁的作品了,当然我在生活中听到的各种谚语和套话接二连三地出现在莎剧中,他对我来说就像是个真正的后现代主义者。我认为他太聪明了,能把这么多俗语、套话穿插在戏剧中,并从中讲了个绝妙的故事!最近我还在听贝多芬的交响乐,我也有同感,你能听到各种在电梯里、商店里和广告中的小旋律。他挑选这些小旋律,并创作出精湛的交响乐,实在聪明绝顶。我猜这就是后现代主义吧,我想就是那样的东西。但是至于人们是否认为我是个后现代主义者,我并无把握。我不确定在什么意义上自己算是个后现代主义者。你认为我是吗?老实说,我并不是为了搞笑才这么说的,这个术语我从来不知道它的确切含义。

石黑一雄

◎ 罗恩・霍根/2000年

原载于Beatrice.com网站(2000年)。罗恩・霍根授权转载。

因为石黑一雄的行程安排得满满当当,我们只能在电话中简单交谈,但我依然非常想就第五部小说《我辈孤雏》招致的批评与他进行交流。在书中,克里斯托弗・班克斯,这位全世界最有才华的顾问侦探,在日本侵华的早期回到童年时代的上海家中,坚信如果自己能将父母的失踪案调查个水落石出,就能阻止战争的到来。《纽约时报》上的一篇评论将这部小说称作"迄今为止最丰硕的成就",而另一篇评论看起来不大理解小说的文体风格——既有让石黑一雄一炮走红的心理现实主义,也有之前那本《无可慰藉》中的超现实性。

罗恩・霍根:随着评论铺天盖地地涌来,你是否对两极化的反应感到吃惊?

石黑一雄:和《无可慰藉》比起来,评论没那么五花八门,对那本书,有些人旗帜鲜明地恨之入骨,而有些人则备加推崇。从一定程度上来说,争议延续到了这本。我注意到很多评论的前半部分都是用来讨论《无可慰藉》的,试图对它重新评估。

你提到的第二篇评论也并非全盘否定。我的意思是,虽然她觉得总体上令人失望,但是她的确表示自己喜欢书中的部分内容。这并不少见,虽然看似如此,因为你们是在纽约,而两大书评媒介唱着迥然不同的论调。但是我觉得在伦敦,书评或者影评达成共识的日子已经一去不复返了。从某种意义上说,我觉得这并非坏事。这表明,人们并不惧怕直言不讳,也许这也反映了文学文化的多样性。它不再是铁板一块,不再是精英人物的价值观把持一切。会有形形色色的人们投身于作品,喜爱作品,严肃地对待作品。

我发现,有人喜欢作品中结构严谨的现实主义文风,就像《长日将尽》中表现出的一面,而有人更喜欢我在《无可慰藉》和这本书中部分做到的,不一定更好但有些冒险的举动。所以我要说的是,与《长日将尽》赢得一片喝彩不同,许多最初的评论意见,即使是好评,也有所保留。但是保留意见有两方面,有些人会说:"他在最后退缩了,回到传统的叙事方式收尾,这多遗憾啊!"同样有人会说:"太可惜了,小说后半部分奇奇怪怪的东西毁掉了原本很精彩的后詹姆斯式的、爱德华时代的现实主义故事!"

霍根:正如你许多作品里表现的那样,一位不可靠叙事者回望过去,渐渐开始意识到他(她)自己先前错过的东西。但是在早年的作品里,你的叙事更为自然。在这本书中,叙事者的弱点对于足够精明的读者来说很早就显露无遗了。

石黑:我认为,像史蒂文斯或者任何一部早年作品中的第一人称叙事者,读者很容易就会判断他的现实版本,就是他口中发生的一切与真实发生的一切之间的距离。你可以判断他的不可靠程度。从一定程度上来说,毋庸置疑,作家和读者背着叙事者"串通一气"。所以在《长日将尽》中有些事情我们不得而知,仅仅是因为我们未被告知。

克里斯托弗·班克斯的不可靠则是另一种意义上的。这并非试图塑造那种不可靠叙事者,因为我们可以看到他有点疯狂,或者说随着故事的推进,他变得越来越不可理喻,而我们却始终十分清楚正常世界的模样,知道他与这样的世界是多么渐行渐远。我想描摹的是,如果世界按照我们内心深处不大理性的情感逻辑运行,世界会是何等模样。我们或多或少都明白,如果说有人想要重演出错的历史,并在这次拨乱反正,这样的表述有怎样的隐喻含义。我们深知,大多数情况下,我们在这并不是就事论事。但是在这本书里,从一定程度上来说,我想要描绘的就是一个为那样的情感逻辑所左右的世界,所以小说的后半部分,克里斯托弗·班克斯四处宣扬,尽管过了这么多年,父母一定是被关押在什么地方,自己一定要把他们救出来,而这对于阻止战争至关重要,人们对此并没有大吃一惊。因为他仍然活在自己童年时代的世界,从他孩提时代失去父母的那一刻起凝固。世界凝结在那一刻,现在他把这一切搬到了自己所面临的成人世界。

霍根:所以他的确是个鼎鼎有名的大侦探?

石黑:没错。正如我所说,这描写的并不是空想家或者疯疯癫癫的人经历正常的现实世界,而是当一个世界处在不那么理性但是又对我们的生活方式产生深远影响的逻辑支配下的真实样貌。我们并非做事都有明智的理由。无论是选择职业,还是朋友,抑或是生活中的伴侣,我们的缘由并不清晰而富有逻辑。这种试图重演过去的想法——那样的动机经常十分强烈,在我看来,成了我们无意识的一面,我们"疯狂逻辑"的那部分,在我们的生活中扮演着十分重要的角色。

霍根:通过让克里斯托弗成长为自己孩提时代梦寐以求的知名侦探,你是否觉得——我不想说是戏仿——微调英国侦探小说的那种传统很有意思?

石黑:没错。从想要找乐子的读者的基础层面来说,这确实有意思。我的确很喜欢那些侦探小说的迷雾重重。如今,随着时间的推移,那样的写作风格和过去岁月渲染的氛围带上了些许古怪的意味。但是在某种意义上,这是我吸引读者的方式,你知道的,就是渲染一种氛围,一种爱德华时代的古老世界的氛围。但是选择那种安逸侦探小说来仿拟,我确实有其他理由。我很想看看人们是如何对待邪恶的。那个时代的侦探小说对于邪恶是什么,以及如何消灭邪恶有一定的看法。像阿加莎·克里斯蒂、恩加伊奥·马什、多萝西·L. 塞耶斯这样的作家所写的推理小说经常呈现出的是一个理想化的和谐社会，通常是一座英国村庄，要不是出了个乱子，原本天下太平，结果有人被谋害了。邪恶总是显而易见，一看便知。你只是不知道谁是坏人而已，那就是谜团。所以侦探揭开谜团后，一切复归往昔的美丽。

整个这一类小说给我留下的印象就是它在一战后迅速繁荣了起来。换句话说，这是一代人非常强烈的逃避主义，他们深知现代世界的邪恶与痛苦并不在于一个手段高明的罪犯或是一个狡猾的牧师为了夺取遗产而毒死某人。他们都经历了民族主义和法西斯主义极其疯狂的世界里现代技术战争所带来的创伤。他们看到的是一个领袖无法掌控的世界，流血与痛苦看似绵绵不绝，他们极力想逃离。我的意思是，他们深知世界并不像小说里写的那样，邪恶亦如此，但他们就是想暂时遁入幻想之中，在那，生活变得异常简单，只要你指出谁做了坏事，问题就会烟消云散。我之所以被整个侦探小说吸引的一部分原因就在于我想说的是："好吧，让我们看看这样一个人，他相信世界上变得糟糕透顶的一切，无论是个人世界还是更大的外部世界，都因为那些需要被撕下面具的为非作歹的恶人。让我们把他带入二十世纪的混乱中，带入又一次世界大战一触即发的边缘。让我们看看他会如何应对，看看他自己对于如何应对人生问题的幻象还能坚守多久。"

霍根：既然你已转变了早期小说的现实主义叙事，你是要让自己继续探求潜意识和荒诞，还是回到之前你所塑造的那种叙事者？

石黑：我觉得我自己没有那么教条。我不相信写作有正确路径一说。我也不像有些人那样，认为现实主义或者自然主义有些过时，或是认为小说中这么做毫无意义，理由是电影会比小说做得更好。我觉得我就是在拓展自己如鱼得水的领域。我觉得，我仍然可以写纯粹的叙事，就像《长日将尽》那样，如果我想这么做的话。事实上，我的第一部小说《远山淡影》就更接近另一种故事。许多人已经忘了这部小说有点怪异的偏向，但是我觉得从一定程度上来说,我写作的那一面一直没变。

所以很大程度上,这取决于我要在这本书里做什么。我觉得我不会只坚持某一种。我现在手头有三个计划。我没有完全决定会把哪一个写成小说。有一本需要更传统的写法。仅仅为了稀奇古怪而剑走偏锋毫无意义。剑走偏锋总该有个艺术缘由。我不相信我们是要为了弄晕读者、惹恼读者,为了显得聪明机智,而把小说写得云里雾里。但是如果你要这么做的话,有时候这是你唯一的办法,这和其他因素一起使得你有些偏离现实主义。

石黑一雄访谈

◎ 布莱恩·谢弗/2001 年

原载于《当代文学》,第 42 卷,第 1 期(2001 年春季刊)。威斯康星大学出版社和布莱恩·谢弗[1]授权转载。

2000 年 7 月 21 日,在华尔道夫酒店的棕榈阁,我和石黑一雄共进下午茶,并对他进行了采访。石黑一雄在自己第五部,也是最新的一部小说《我辈孤雏》中把棕榈阁设为故事场景之一。

那天,在这间传统的英式茶室中,竖琴表演者演奏的背景音乐给我们的谈话带来了些许神秘的意味,这样的氛围倒是与石黑一雄的新作颇为契合。这位凭借《长日将尽》而折桂布克奖的作家给人的感觉非常务实,毫不装腔作势,既幽默风趣又严肃稳重,随和从容又敏锐洞察。那天下午,这位作者坦率而直接,但他小说里的主人公却都在尽力掩饰自己过去岁月中让人不安的意义和让人忧心的后果,尽管他们表面上极力想要袒露自己的所思所想。事实上,所有这些第一人称的叙事者——《远山淡影》(1982)中的悦子,《浮世画家》(1986)中的小野先生,《长日将尽》(1988)中的史蒂文斯,《无可慰藉》(1995)中的瑞德先生和《我辈孤雏》(2000)中的克里斯托弗·班克斯——讲述的故事都是在掩饰或歪曲真相,而不是将真相大白于天下。

石黑一雄迄今为止的五部小说构思巧妙、扣人心弦,富有感染力,让人久久难以忘怀,表明作者不仅深谙欧洲现实主义小说传统(石黑一雄经常提及对夏洛蒂·勃朗特、狄更斯、契诃夫和陀思妥耶夫斯基的借鉴),而且对现代心理学话语了如指掌(在开始小说创作前,石黑一雄曾在格拉斯哥和伦敦多家收容所里做社工，为无家可归者提供服务)。所有的这些小说——无论主人公是一位失去亲人的母亲，还是一位上了年纪的艺术家，抑或是位职业管家、举世闻名的钢琴家，或者正如最近的这部作品里出现的那样，是一位大名鼎鼎的侦探——其叙述始终来来回回跳跃于主人公几十年的人生岁月，严丝合缝地编织出一张巨网，串联起了个人和历史的创伤。不管这些事件是发生在战后的长崎，还是两次世界大战间与崛起的法西斯暧昧不清的英格兰，抑或是三十年代饱受战争摧残、身陷囹圄的旧上海，主人公内心那片波澜不惊的痛苦上总是演绎着最引人入胜的情节。

1954 年，石黑一雄出生于日本长崎，他的父亲是位海洋学家，受雇于北海石油项目后举家搬迁到英国萨里郡的吉尔福德小镇，从此石黑一雄在英国长大，接受教育。他在肯特大学学习英语和哲学，1978 年本科毕业，之后在东英吉利大学攻读创意写作的硕士课程，师从小说批评家马尔科姆·布雷德伯里，1980 年硕士毕业。石黑一雄业已成为英国当代最负盛名的小说家之一，赢得的赞誉早已超出了英语国家读者的范围。他的作品被译成二十八种语言，《长日将尽》除了捧得布克奖之外，还被改编成电影，由莫谦特-伊沃里公司出品，剧本由小说家鲁丝·普罗厄·贾布瓦拉改编。1993 年，电影获得八项奥斯卡奖提名，为作者赢得了更广泛的世界声誉。眼下，石黑一雄兼顾小说创作和原创剧本的写作。

布莱恩·谢弗:《我辈孤雏》是一部深刻的、打着侦探故事幌子的心理惊悚小说，这是之前未曾从你这看到过的。然而在许多方面，你的新作至少表面上与《无可慰藉》有异曲同工之处，尤其是梦幻般的荒唐感。你认为《我辈孤雏》代表着你的作品的新走向，是对《无可慰藉》中的关切和写作技巧的优化，还是一种回归，回归到你最初三部小说结构和叙事的

---

① 我想感谢罗德学院慷慨赞助此次采访。感谢伊丽莎白·凯斯帮忙校订和打字，这对我而言是无价之宝。另外还要感谢珍妮弗·布拉迪和乔·艾琳·克拉里提供编校。

严谨?

石黑一雄:你所说的在某种程度上都有一定道理。不过我认为,分析新作与先前作品的关联只是事后之见了。显然,当你创作作品时,你只是努力写下去而已,然后作品就以某种方式呈现。但是回过头来看,我的确意识到,我是在重温《无可慰藉》试图探讨的一些主题,比如我们创造性地记错童年,又比如,我们等到为时已晚才尽力修复过去,带着不切实际的荒唐雄心想要把多年前就已破碎的东西复原。但是《无可慰藉》发生在梦幻般的世界,叙事者的过去、现在和未来一定程度上交织于一起。在这部新小说里,故事的讲述有着表面上的现实主义的惊悚。书中的情节毫不夸张,讲的是实实在在发生在主人公克里斯托弗·班克斯身上的事。年幼时,父母被人绑架。成年后,他认为如果将多年前的谜团弄个水落石出,不仅可以拯救自我,让自己重回过去的快乐时光,还能拯救整个世界。

谢弗:听起来,最开始你很担心这部新作的现实主义程度。

石黑:确实如此。虽然小说的许多维度会随着我继续写下去而或多或少自行推进,但是,甚至在我没开始创作前,我就要决定小说的背景多大程度上是个不切实际的古怪世界,在多大程度上接近现实。换句话说,我要决定的是在诡异世界和真实的日常世界之间它居于何处。这是我在一定程度上不得不有意思考的问题,因为这些问题不仅仅是我,也是读者对于《无可慰藉》会提出的问题。我决定让我的新小说以相对接近现实的方式开篇,当然也不能太近,因为我们谈论的是侦探们的世界——侦探在这个世界里稀松平常,人们说到当侦探就好像是个普通的职业道路——我们仍然与真实世界有着相当的距离。我的想法是,这部小说并不是在这一点上一成不变,而是从一种世界稍微转向另一种世界,就是说我们慢慢滑向了更诡异的世界,而不是像《无可慰藉》那样完全深陷其中。你可以说,班克斯在人生的不同节点讲述故事,每一次讲述的时候,他的意识都会越来越深入地滑向自我世界。所以最终他所描绘的世界成了一种内心世界。

谢弗：我懂你的意思了。《我辈孤雏》起初是现实主义风格，随着故事的推进越来越趋于内心。但是到了小说结尾，突然它再次变得相当写实或者说外部化。

石黑：是的，你可以说叙事者变得越来越古怪，然后又恢复正常。如果你想合理地解释为什么叙事观点会如此变化，你可以说班克斯开始时大体正常，接着开始变得疯狂起来。我想这些说法可以讲得通为何叙事者如此不可靠。

谢弗：《我辈孤雏》与你早期作品的连贯之处在于克里斯托弗·班克斯，和小野先生、史蒂文斯还有瑞德先生一样，似乎混淆了公共责任与个人责任。所有的第一人称主人公心甘情愿地为了自己所理解的"文明"而忽略个体责任。这似乎是你的作品中反复出现的母题。

石黑：你说得对，但是我觉得克里斯托弗·班克斯理解的拯救世界与——比方说——《浮世画家》中小野先生的观点略有不同。到了克里斯托弗·班克斯这儿，拯救世界的想法非常不切实际，更像是他对整个世界早已崩塌、他的个人世界幼年时业已崩塌这样一种感觉的延伸。孩子的逻辑不知为何就认定如果你修复了自己的过去，整个世界就可以复归当初。所以在他的头脑里，从某种隐喻层面，他所描绘的是一个真正分崩离析的世界，具体而言，就是土崩瓦解，陷入世界大战。另一方面，早期小说中的叙事者则活在更真实的世界中，他们对于自己如何能为文明和人类作出贡献有着相当实际的评判。到了像管家史蒂文斯这样的角色，他认为自己可以通过为伟大的人物服务，通过做管家，通过把贵族的银器擦得锃亮来为人类做贡献，这样的想法有点不切实际。虽然有点荒谬悲哀，但是其中仍然蕴含着一点道理。我觉得这就是大多数人美化人生中自己的所作所为的方式。尽管与前面的作品有连贯性，但是我认为克里斯托弗·班克斯与文明、与社会和与世界的关系大不相同。我觉得他想解开父母的谜团和避免第二次世界大战的想法之间并无逻辑或者合理的关系。那个空白是我们无法用任何理智或逻辑去填补的，它完全就是情感反应而已。

谢弗:然而,这不也会让我们想起瑞德先生相信他可以通过那场万众期待的演出拯救城市吗?

石黑:是这样。显然,在克里斯托弗·班克斯的拯救世界和瑞德先生的拯救城市之间有明显的相似之处,但是我认为二者还是各有特色,即使在某些方面,他们与之前作品中更理想主义、更雄心勃勃的叙事者有着千丝万缕的关联。

谢弗:《我辈孤雏》与之前作品的明显不同是你处理小说结尾的方式。第一次在你的作品中,读者看到了事实真相,看到了前因后果,看到了案件实情。讽刺的是,虽然主人公这次是一个侦探,读者却不像阅读以前的作品那样需要做个侦探,因为小说的结尾明白无误地告知了我们是"何人所为"。和之前的作品真相从未大白相比,读者在这本书里要做的理解努力是否变少了?

石黑:我不敢说。的确,我们知道了一些事实。比方说,我们了解到班克斯的母亲出了什么事,明白了他的遗产从何而来,等等。我认为,既然把《我辈孤雏》设定为伪侦探小说,提供这一层的情节就相当重要,包括对那部分故事冲突的化解和具体的阐释。我认为更迷雾重重之处,也许更需要读者作出理解努力的地方,在于克里斯托弗本人。他真的是侦探吗,还是仅仅是个幻想家?他的确身处上海吗?为什么在他解决个人问题和拯救世界之间会有明显的关联?为什么不仅仅是他,他碰到的其他人也会有此看法?为什么他的父母仍然会被绑架者冻结在时间之中?在我看来,这些问题仍然悬而未决,难以解答。这些问题会把我引向趣味盎然之处。大体上,这是一个内心世界,在这里起作用的是情感逻辑。因此最让我津津有味,最让我关注的是这些情感问题,而非事实。

谢弗:我认为归根结底,你的作品以心理为导向。此外,《我辈孤雏》

给我深刻印象的就是它对于怀旧力量富有争议的思考。最近我读到一本关于詹姆斯·乔伊斯和回忆的书，作者约翰·S. 瑞克特提醒我们"nostalgia(怀旧)"这个词来自希腊文 nostos，意思是"返回"，"algos"意思是"痛苦"。瑞克特接着将怀旧形容为"一种怀有缺失之痛的执着回归"，"着眼于冻结了过去存在的过往，阻止而非鼓励真相的调查和辩证地看待问题"。他将怀旧者定义为"为了逃避现在和将来而转向过去的人"。这些都让我觉得和班克斯的情况莫名有着重大的关联，因为整个小说都围绕他既是事实上，也是比喻意义上回归童年时代的上海而展开。

石黑：没错，但是你知道的，尽管怀旧对我而言，在这部作品和其他作品里是一个相当重要的概念，但是那样定义怀旧，就像大多数对怀旧的理解一样，总体带有贬义色彩。它的潜台词是执着于怀旧之念会阻碍人们正确行事。

谢弗：这是一种逃避？

石黑：是的，是一种不好的逃避，是在躲避某些东西。在一定程度上，我认同那一说法，但是我总是努力为怀旧辩护，认为它是一种情感，因为我觉得它可以成为我们生命中一支宝贵的力量。我很理解为何人们会敌视怀旧，尤其在英、法之类的国家，因为在这些地方，怀旧被看成是专注于民族记忆的糟糕的政治力量。怀旧被看作是避而不谈帝国更黑暗的一面，在帝国的种种荣光、安逸和享乐的背后，没有真正考虑帝国实际付出的全部代价和真正的邪恶之处。兜售怀旧之情被认为是在加速我们对殖民时代的痛苦和剥削的遗忘。所以怀旧常常被看成一种不体面之词。很大程度上我同意这样的说法。我理解为何总体而言怀旧声誉不佳，至少在政治和历史层面如此。但是纯粹意义上的怀旧情绪实际上是我们时常会感受到的相当可贵的情感。在我的书中，尤其是最近的一些作品，我觉得我要尽力表现的怀旧其实是一种正面的力量，因为这种情感等同于理想主义。它是对童年时光的回忆，不然你会发现世界一直以来都是暗无天日，这是一种伊甸园式的回忆，回忆的是你身处童年"肥皂泡"里的时光，当时大人们和父母使你相信世界是个美好而灿烂的地方。后来，当然，在人生的某个阶段你走出了那个肥皂泡。幸运的话，你是在指引下渐渐脱离。如果你像克里斯托弗那样不幸，那你就是有一天被人从肥皂泡里扔了出来。这样的话，你自然是带着失望的情绪成长起来，也许是种深深的失望之情，因为这个世界并不如你一度想象的那般美好。

但是，就算是从那个肥皂泡里走出来，我们都会带着过去岁月的一点残留，表达的方式常常就是对童年生活的怀念。我们记起了那时的稚嫩和天真，但是与此同时，怀旧也许是一种想象的方式，想象可能有个世界，其实比我们必须生活的那方天地更加纯洁，更少谬误。这就是为什么我会说怀旧是一种等同于理想主义的情感，或者是理想主义精神上的堂亲。意识到一切应该被修复，也可以被修复，这成了我们情感上的支柱。我们可以感到自己走向更美好的世界，因为我们曾经有过这样的体验。在内心的某个地方，我们有着关于那个世界模糊的记忆，即使只是个错误的记忆，是个错误的景象。我们觉得也许自己能够回到那样的世界。当然，结果可以是非常积极的——人们从事着非常积极的事业或者追求某种理想，当然也有可能带来逃避的行为。但是总体来说，这让我心驰神往。

谢弗：那是对怀旧相当有力的辩护了。你说得没错，人们对它的印象不大好，但它不会总带来某种病态的逃避。

石黑：我们必须大力宣传。

谢弗：你对怀旧的看法和我们的父母为我们营造了童年肥皂泡，又引导我们走出肥皂泡的说法让我想起了 E. M. 福斯特的第一部小说《天使不敢涉足的地方》中的一句话："一个孩子的整个人生都取决于其父母拥有的理想。"我在想：你是否认为这完美总结了《我辈孤雏》中的班克斯，或者同样也是对《无可慰藉》中的瑞德先生，或者《长日将尽》中的史蒂文斯的概括？

石黑：是的，可能如此。然而，那个表述非常极端，因为它的言下之意是父母的作用大过天。但是,当然了,我塑造的角色在一定程度上把父母或者父母形象的人视作理想的标杆。我认为,之后他们才发现,父母的形象并非他们之前理解的那样:史蒂文斯和他的父亲是这样,班克斯(方式更直接、更明显)和他的父母亦如此。我猜,班克斯在自己的头脑里想象出了自己的父母,他对事件的描述使他们的形象变得高大伟岸。但是,从一定程度上来说,我们对父母的伟岸形象夸大其辞其实无可厚非,如果这能对我们的人生有所帮助的话,总比整天想着这些情感上深受爱戴或者我们努力看齐的人是卑鄙无耻之徒要好。也许有这样的想法更好——宁愿相信父母们比实际上更加举足轻重、高大伟岸。但是我认为这也有不足之处,并且这也是我的作品一定程度上探讨的内容,我的主人公们将自己的父母理想化引发的问题在于这会给他们带来巨大的压力。有时候,这意味着,他们为了达到父母在现实中永远不可能达到,也无人能够企及的标准而歪曲了自己的人生。史蒂文斯和瑞德就是这样的情况,他们是把父母理想化的受害者,他们无法过自己的生活,因为他们要设法达到他们自己定下的难以企及的标准。

谢弗:你的作品中许多主人公给我的印象,与其说是没有达到他们父母的高标准,倒不如说是情感上被父母忽视。我这里想到的就是史蒂文斯和瑞德。也许他们设想压力来自父母,是因为他们希望父母原本可以多陪陪自己,或者更关心自己从而有所建树,但实际上父母却并未给他们任何情感上的支持。你的这部新作所要探讨的相关心理问题十分引人入胜,这让我想起了狄更斯在《远大前程》中对同一问题的处理——也就是孤儿现象。班克斯自己,莎拉·亨明思,还有詹妮弗——班克斯领养的小女孩,他们都是孤儿,正如班克斯所言,都“注定要孤身一人面对这个世界”。我想知道这种关切从而何来。为什么所有的孤儿都心怀内疚之情?为什么他们觉得需要“拯救”自己的父母、伴侣,甚至是整个世界?

石黑:这实际上就是我们之前讨论过的问题的一部分。于我而言,“孤儿”就是对毫无庇护的状态下走出肥皂泡的一种隐喻。我们大多数人并非孤儿，随着年岁渐长，我们被搀扶着走出大人们为我们编织的那方虚幻天地。这样一来，我们逐渐学会了应对生活中更艰难的事情。有些人却没有这样的指引，这种情况，我们可以比作孤儿现象。你离开了受保护的状态，然后突然你发现自己身处更恶劣的环境。所以在这部新作中，我选取了本身就是孤儿的人物来突出那一点。班克斯、莎拉还有詹妮弗都觉得自己必须要修复些什么，只有这样他们才能继续下去。在某种层面上，班克斯认为父母是被冻结在了时间中，冻结在了某个绑匪的家中，如果自己能够找到他们，他的生活就能像父母失踪前那样继续下去，如果重返那幢老宅，自己就可以从哪跌倒从哪爬起。莫名之中他觉得如果一切都能不受干扰地继续下去，如果真实的世界未受侵扰，那么事情差不多就会是本该有的模样。

谢弗：就是那时，我明白我们不再身处真实的世界。让我印象深刻的是，班克斯想象自己可以就在几十年前离开的那间屋子找到父母。这是第一处我们开始明确认识到小说与现实有偏离。

石黑：没错，小说由一种现实主义转向另一种现实主义。我记得我规划小说时，这处转变一部分是因为我觉得人们年轻时的情感相当强大。我年轻时总是想象随着年岁的增长，人们情感上会变得越来越坚强。你会变得越来越稳重，越来越得心应手地化解生活中的难题。所以，随着你学会如何接受、应对这些困难，面对早年人生抛来的困难，你的痛苦也会越来越少。那就是当时我眼中的成人世界。但是当我年岁渐长，我注意到事实并非如此。在我的周围，那些我以为二十来岁生活一帆风顺的人似乎因为一些困难一蹶不振。如果你仔细观察，你会发现这些问题从一开始就有。年轻时，你觉得人生会变，只要你愿意，之后你会成为另一种人。这种表面上的毫无定论使得人们在一定时间内努力前进，但是等他们发现人生不会有多少改变的时候，问题就暴露在他们面前。生活如今不会带来无穷无尽的跌宕起伏。你分到了这手牌，一切就是如此。人们的生活因此崩溃，人们为此伤心失意。我看到很多三十八九岁的人会这样。尽管直到现在他们仍然可以抱有一定的希望和规划，但是突然过去的观念和信仰袭来，压垮了他们。所以我觉得班克斯的早年生活就应该相对而言简单直白，但是在他三十七八岁叙述故事的时候，情况就变得相当古怪了。

谢弗：我在大学课堂里讲到你的小说时，学生们往往困扰于你为主人公安排的结局。比方说，有些人在小野先生和史蒂文斯身上看到希望和决心，而有些人看到的却是可悲可叹、自欺欺人的失败。你对《我辈孤雏》结尾处班克斯的命运有何看法？他的一生究竟是虽败犹荣，还是建树不多，平平庸庸？我们是否要将他的风湿看作情感麻木的象征，还是应该完全抵制这样的想法？

石黑：嗯，我看得出那个问题与小野先生和史蒂文斯之类的人息息相关，因为关于他们的作品抛出了如下问题：我们有可能为世界做出有益的贡献吗？为更加文明的社会贡献力量是难于上青天还是易如反掌？它们确实提出了这些问题，所以人们完全有理由争论这些小说是否以满怀希望的调子收尾，尤其小野先生和史蒂文斯发现尽管他们尽己所能，事实上他们一无所获。你这儿问的是班克斯，但是我想通过多谈一点小野先生和史蒂文斯来回答你的问题。我希望《浮世画家》在小野的思考中结束，他想到的是："我的人生一团糟，因为我正好生活在日本历史上的特定阶段。"我希望他带着痛苦认识到人的一生只有这么点长，而一个国家的生命则长得多，即使小野先生无法做到，日本作为国家事实上却可以从错误中汲取经验教训。小野看到年轻一代涌现出来，也许他们和自己当年有着同样的爱国热情或者理想，但他们生活在不同的年代，也许他们会有更好的机会创造更有价值的东西。小野先生必须接受人生太过短暂，所以无法拥有第二次机会的现实。他已经小试牛刀，从头再来对他来说为时已晚。但是让他略感宽慰的是国家的生命不同于人的生命。新的一代已经走上前台，日本可以东山再起。所以小说结局，至少我想要的，是一种五味杂陈的希望。

小说结尾,史蒂文斯认为自己仍然有时间过上不一样的人生或者成为不一样的人,也许只是自欺欺人而已。我们感到他在打趣或者开玩笑时的绝望。他永远不会跻身他们的圈子成为他们中的一员,我们看到他太积习成性了。但是我想设法表明的是,他终于认清了自己,这本身就是一项成就,一种体面。他能够直面自己身上令人痛楚的问题,这令人敬重,甚至颇为英勇。史蒂文斯成功打破那个僵局有其积极的一面,尽管他也有令人哀叹的一面。

一定程度上,我认为结局相对而言的希望并不是我的后期作品中的重要问题。在我看来,班克斯这样的人没有多少选择。他们在生命的某个节点分到了这件破碎的东西。他们无法继续前行,因为手里还攥着这样东西,需要他们修补。《我辈孤雏》的最后,班克斯没有匡正错误,但至少他算是将其抛至一边。他找到了某种解决之道。至少他的整个人生规划不再为了解决这个问题而受其摆布。克里斯托弗·班克斯没有真的自欺欺人。有传言说他要结婚了,不过他知道这是无稽之谈。他知道自己所处的境地。他试图告诉自己,生命给了他这手牌——他拿到的就是孤儿的牌——那他就必须把这手牌打到底。莎拉·亨明思一度对他说:“让我们忘了这个包袱吧。我们试着过自己的生活——尝试爱和被爱,而不是总是想着匡正过去。”可能他并不知道自己是否应该听从她的建议,但是最终他觉得自己别无选择。我想这和我的直觉差不多:实际上并不是这些人是否行事正确——几乎与此毫无关联——也不是他们的生活是否在希望中收尾。环境和人生给了这些人强制的任务。不管他们有何愿望,他们必须要把这项任务坚持到底,直到以某种方式解决。

谢弗:你能谈谈目前你的小说创作或电影工作吗?

石黑:我想我们很快就要签订《我辈孤雏》的电影合同了。这是件让人兴奋的事。不过很多情况下,你并不知道结果会如何。《我辈孤雏》受到的电影关注与《长日将尽》不尽相同。所以你要谨慎点。你必须要确保拍电影的人能够理解作品的所有维度,理解他们拍的并非只是一部有关上海的惊险片。有时候，这些搞电影的会这么想："哦，没错，拍一下那个年代的上海，再加上绑架和侦探元素是个很棒的想法——对，咱们就这么拍吧。书中的这块我们看不懂，我们扔掉就好。编剧会想办法的。"这样拍出来的电影也许依然精彩，但是你必须慎之又慎，因为小说有这些明显的商业元素，如果你愿意这么说的话。

此外，我还想照旧抱怨一番，如今这年头你写完一本书后，要花长达两年的时间来宣传，因为你的作品会在世界各地出版。在这样的情况下，你很难开始新的工作。等我有时间了，我头脑里现在有三个项目，虽然我还没完全决定要把哪一个做下去。

其中一个是我在意大利参加会议的时候想到的。我看到一位意大利批评家在文章中说到，在二十世纪早期，弗洛伊德式认识世界的方式——认为人类压抑性冲动和其他冲动，压制情感——举足轻重，占据主导。从事心理咨询的人有充足的理由认为弗洛伊德模型大有用处。这位意大利批评家提出，他和他的同事们碰到越来越多的人有着相反的困扰，这表明弗洛伊德时代以来，世界也许已经发生了深远的变化，尤其在过去的几十年里。我们在媒体、广告之类的连番轰炸下，相信自己有着各种各样也许根本不存在的冲动。萦绕于心的想法成了："我们的生活不够好。我们实际上应该过上那样的生活。我们应该坐那样的飞机，去那样的地方，和那样的人共度一生。""哦，天呐，我们应该买一栋那样的房子，而不是现在这栋。"我们总觉得不尽如人意。这位批评家认为，人们的迷茫——人们感受到的痛苦——大多不是因为压抑而是因为放纵。在这么多东西四面八方的拉扯下，人们远不是压抑，而是编织出了原本深藏其中，或压根子虚乌有的冲动，这样一来，他们开始对于自己的身份和角色彷徨无措。人们难以安心于人生中的一种角色。之前我问过你的教书事业如何，你的回答是："不错啊！"你说这是你命中注定要做的事业。这样稳重的回答让人耳目一新。许多人也许会说："呃，这是我眼下在做的事，但是我手头还有个剧本，还要征战股市，如果一切顺利的话，我要抛下我的家人，去和这位去年在新加坡偶遇的美女共度人生。"从一定程度上来说，这是席卷世界的美国价值观在起作用。这种价值观有非常积极的一面，因为你无需约束自己，你会努力发挥潜能。我想我要表达的是，从另一方面来看，这样的世界观也会让人深受其害。我会因此对自己提出许多要求，因为说“没错，万事皆有可能”的反面就是“我一事无成，我难辞其咎”。

我在想，如果我将这样的世界观融入到作品中，这会对我的写作产生什么样的影响。我觉得，迄今为止我的写作基调和叙事者都是与情感压抑有关——不仅仅是他们的性格，还有说话方式、我的写作方式以及所使用的写作技巧。从一定程度上来说，这是因为我的作品脱胎于老一辈作家的写作传统，从夏洛蒂·勃朗特到比如说十九世纪早期的美国作家，还有海明威等人，他们都是如此写作的。但是我在想，是否到了构建一种新风格、新写法的时候了，设法融入生活中一些后弗洛伊德时代的矛盾，这些矛盾并非精神崩溃所致，也不是因为无法表达自我，而是因为被形形色色的榜样和冲动四下牵扯，被错失良机的想法所左右。这就需要一种不同的风格，意味着不同的写作手法，也会带来看上去截然不同的小说。

石黑一雄访谈:理想主义之于才智

◎ 辛西娅·黄/2001 年

原载于 *Clio* 杂志第 30 卷,第 3 期(2001 年)。*Clio* 杂志和辛西娅·黄授权转载。

1960 年,小说家石黑一雄五岁,全家从长崎搬到了英国。他在坎特伯雷的肯特大学和东英吉利大学接受了高等教育。下面这篇采访的时间为 2000 年 9 月 20 日,地点位于伦敦的华尔道夫艾美酒店,当时石黑一雄正全球奔波推介自己的第五部小说。《我辈孤雏》(伦敦:费伯出版社,2000)讲述的是大名鼎鼎的伦敦侦探为了解决十岁起就让他大惑不解的谜团——父母的离奇失踪——而返回上海公共租界的故事。

石黑一雄的小说全部大受好评。他的前四部小说分别是英国皇家学会的温尼弗雷德·霍尔比奖的获奖小说《远山淡影》(伦敦:费伯出版社,1982),一举摘得惠特布莱德年度最佳小说奖的《浮世画家》(伦敦:费伯出版社,1986),获得英国最负盛名的布克奖的《长日将尽》(伦敦:费伯出版社,1989),和将切尔特纳姆文学艺术奖收入囊中的《无可慰藉》(伦敦:费伯出版社,1995)。2000 年 10 月,《我辈孤雏》入围布克奖决选名单。

石黑一雄的前两部小说均取景日本,第三部以英国为背景,第四部选取了欧洲一个不知名的国家,最新的一部则将故事背景放在了伦敦和上海。评论家们深入探究了这些背景和相对应的历史语境,从而挖掘出它们的象征或隐喻含义,并找出作者的哲学视角。石黑一雄本人更愿意将自己的作品看成是对人类经验世界性或共通性的表达,这是在阐释身为作家的愿景或目的时他提到的奋斗目标。

辛西娅·黄:1989年,你告诉大江健三郎:"我其实并不在意我的虚构世界与历史现实是否吻合。我强烈地感觉到,这才是我——一个创作虚构艺术的作家——所应该做的:我应当创造我自己的世界,而不是对着现实的样子照搬照抄。"①

你现在如何看待历史现实与小说创作间的关系,比如尤其就小说中的上海和日本而言?

石黑一雄:我的言下之意不是说,历史学家也许早已将某段历史中的事实或者当时的情形盖棺论定,而小说家对此却不用承担任何责任。我想要强调的是那些并非小说家的首要关注。我想说,读者看小说不应该主要为了弄懂史实。我是在借用历史;我的意思是,我不希望我滥用了历史,但是没准我也会偶尔为之。

黄:小说家的作品和历史学家的作品相比,主要区别是什么?

石黑:历史学家不得不以严谨的方式处理史料。他们必须摆出事实,必须带着学术的严谨为他们理解的历史而辩护。我没有这样的义务。我可以把历史当成故事的发生地。我觉得通常我都是这么做的。我选取历史上的某一段时间,因为我觉得它有助于引出某些主题。

最后,我希望人们在阅读我的作品时,不是因为可以借此了解这些事件发生的历史时期,而是因为我也许可以与他们分享一些关于人生和世界更抽象的构想。

黄:小说家对这样的人生构想承担什么样的责任?

石黑:我的确认为小说家必须承担一定的责任。每隔几年总有某种大屠杀回忆录招来人们的反感,因为他们认为这样的谎言贻害无穷。呃,最近就有件非常耐人寻味的事——"威尔科米尔斯基事件",这就是个反例。他的作品1995年出版,摘得多项奖项。人们以为这是在奥斯威辛集

① 大江健三郎、石黑一雄:《当今世界的小说家:对话》,《边界2》(1991),第110页第11行。

中营长大的小孩写下的一部纪实文学——这本书叫《碎片：回忆战时童年》——几乎是一夜之间，它成了——或者说似乎成了——大屠杀写作的里程碑。只不过事实上随后就被揭穿原来是作者捏造了一切。[①]

但是有意思的是，他并非犹太人，而是个瑞士人。倘若他承认这是部小说，那么一切都安然无恙。实际情况似乎是这样：他想表达的是有关个人生活的某种内心痛苦。他曾经是个孤儿，来自当时瑞士社会的底层；他被一些据他所说对他并不好的人收养。他认为大屠杀——在奥斯威辛集中营长大——的经历就是对他的人生观的某种恰如其分的表达或者隐喻。

这起事件挑起了有关虚构文学与非虚构文学之间差异的激烈争论。倘若他从一开始就说清楚自己是瑞士人，也从未在奥斯威辛集中营待过，说明白他是以小说的形式来创作，因为个人环境与大屠杀毫无关联，他只是觉得自己和大屠杀的幸存者有某种共鸣而已，那么一切就肯定情有可原了。

但是当他言之凿凿地肯定自己当时的确身处奥斯威辛，并且这是一部历史记录的时候，他当然就触碰了底线。这部作品仍然和1995年出版时一模一样，但是如今，它已被弃如敝屣。这本书变得臭名昭著。现在成了全世界的笑话。这是模糊二者（历史和虚构文学）界限的极端例子。

我认为二者不是一回事，你从小说中获取的所谓真相和历史学家意欲呈现的真相相去甚远。

黄：你在小说创作中找到的“真相”是什么？

石黑：我认为它并非像历史学家追求的史实那般明确，事实上也不是在法庭上摆出证据，人们想要弄清来龙去脉时所探寻的真相。这里的真

---

① 本杰明·威尔科米尔斯基的作品《碎片：回忆战时童年》1995年最初以德语出版，之后译成英语，并在1996年由兰登书屋出版。最终这部作品被翻译成11种其他语言，被改编成2部电影纪录片，作者也在无数公众场合对此书大为宣传。1996年这部作品赢得了美国犹太图书奖（传记与回忆录）；在英国收获了《犹太季刊》文学奖项；在法国则摘得了大屠杀纪念奖。这部作品目前已停印。

相有点模糊的意味。它就像一个人在说:“这是看待人类情感经历的某种方式。难道不是与你的观点不谋而合吗?”

它诉诸的是其他人对于事实的理解:“难道你不也这么看问题吗?难道你不也这么想吗?”

而且我认为,如果你想表达的内容略有不同或者略为新颖的话,那么你想说的是:“也许你从未这样看待问题,但是既然我这么理解,难道你没有同感吗?”从那层意义上而言,它是对真相的追寻;它并非摆出证据说:“这儿有全部的证据,所以结论必然要变更。”它既不是那种科学真相,甚至连社会科学真相也算不上。在我看来,它更多的就像是在体验人生中找寻知音。

黄:同样在和大江健三郎的对话中,你们谈到作家有责任提高写作技能。你说他们必须顺着“历史前进的方向”[①]前进。你的主要意思是作家不应该完全边缘化或者目光狭隘。你如何看待文学史在英国的“前进”?

石黑:我认为那时我想表达的是——因为当时我人在日本——我比较了日本作家与英国作家的境况。我当时提出“历史前进的方向”想要说的是,日本这一文化正跃入更为主流的位置,而英国——这个帝国时代一度雄霸世界的国家——正变得越来越边缘化。这是 1989 年的观点,大江健三郎对此的回应是:“呃,日本也许经济实力强大。”1989 年的时候,日本就像个势不可挡的经济巨无霸,但是他认为在银行业、贸易、高科技或者其他领域的经济优势还是无法和文化优势相提并论。他表示,虽然毋庸置疑,日本是个经济巨人,但是文化上并非如此。

所以,对于日本作家来说,也许他暗指的是他们也不得不在世界文化的边缘创作。

黄:你觉得这适用于如今的英国文学吗?

---

① 大江健三郎、石黑一雄:第 119 页。

石黑:我认为当下的情况有所改变。1989年和大江健三郎谈话的时候,我勉强还能算作新生代。我当时大约三十五岁左右,我们也许是第一代作家清楚意识到英国并非这个庞大的全球帝国的领袖,意识到我们不能再不假思索地认定全世界都对英国社会运转的来龙去脉津津乐道。

尤其当时兴起的英国小说认为盛行于五六十年代描述英国阶级斗争或者英国社会运转(从阶级的角度或者从人们如何从一个阶级向上流动的角度)的文学作品已不再吃香。我们这一代人十分清楚它们对于英国社会以外的人毫无吸引力。然而,曾几何时——由于英国一度是头号文化强国——即使全世界的人不感兴趣,他们也必须关注,因为英国文化举足轻重。这种文化体系令帝国中的许多国家孜孜追求或者争相效仿。

黄:你如何对比英国文学文化进程中的渐变和——比方说——美国文学文化中的变化?

石黑:在我看来,突然,由于历史原因,一度认为只要纯粹描摹英国生活就能自然而然地创作出让全世界为之着迷,为之关注,并且与全世界息息相关的作品的英国作家,一夜之间发现自己的小说视野局促而褊狭。

而且,关于“历史前进的方向”的问题,我想表达的是,也许连美国作家也正因为美国文化的领军地位而身处同样的境地。某位作家写下的小说本质上只关注自我,只是描写了美国文化生活中的某一方面,但就是因为美国在世界舞台上的中心地位,几乎不经意间他们就可以宣称这部小说有着普适意义。

即使吉隆坡人并不想听到人们在纽约晚宴上如何行事,毫无疑问,他们也必须关注,因为美国是一支如此不容小觑的力量。在某种程度上,美国文化已经成了全世界都必须理解的内容,因为它会直接或间接地进入到人们的生活之中。

美国作家也许在今天无需费力地去国际化写作,因为他们是美国人。无论他们写的小说多么褊狭,他们的写作都是国际化的,而英国人已经丧失了这样理所当然的地位。

黄:你自己或者你们这一代的其他英国作家如何应对这些动向?

石黑:我认为最早意识到这点(丧失地位)的就是我们这一代人,在一定程度上,也许有点矫枉过正。他们总是把作品设定在过去的岁月或是异国他乡;他们非常刻意地去尝试书写国际小说。这大致就是在和大江健三郎聊天时我对英国形势的看法。

在一定程度上,我认为这仍然适用于当下。但是我觉得图书世界已然发生了变化。新的市场涌现出来;整个全球化进程也日趋纷繁复杂。

如今,我认为市面上的许多作品本可以有着非常广阔的市场,但它们只在国内市场出版,英国这儿的一些人称之为"新中间道路"。创作它们(这些小说)时作家并没有宏大的文学抱负,它们只是一群睿智而有修养的人为了轻松幽默地逗乐另一群睿智而有修养的人所写的作品。

它们并不以伟大文学而自居,却能供地铁上下班通勤的人消遣之用。有一些作品也许从文学层面来看颇为耐人寻味,但它们却志不在此。

很多英国出版的作品反映的就是日常生活,讲的是办公室恋情之类的东西。"BJ 单身日记"系列代表的就是那一类作品中女性作品的巅峰①。其他像尼克·霍恩比这样的作家也大获成功,他们以自己的方式成为了重量级作家。他们所写的作品至少在表面上没有试图文学化或者国际化。然而,你知道,回过头来看,它们也许颇为妙趣横生,因为它们将我们经历的时代娓娓道来。

总体而言,我要说的是,我向大江健三郎描述的趋势仍在继续。作家们围绕过去的战争而创作——像派特·巴克的"一战三部曲"——这些都是过去几年里,一些与我年纪相仿的作家取材过去的战争而写成的作品。

同样耐人寻味的是,从上一代作家——比如博伊尔·本布里奇或者佩内洛普·菲茨杰拉德等人——的身上你可以看到他们写作的变化。他们现在从之前的更具自传性质的作品转向创作特定历史时期的小说或者历史小说。似乎正因为此,他们的作品在其写作生涯晚期有了新的

---

① 海伦·菲尔丁著,《BJ 单身日记》(纽约:维京出版社,1996)。

气象。

黄:写小说时,你是否有理想读者在心中?

石黑:没有,对于为什么样的人而写作我其实稀里糊涂。我认为这必然越来越受到实际情况的影响。作品出版后,事实上我要飞遍世界各地,做图书宣传或是接受访谈。所以,毫不夸张地说,显然我在谈话时对这些人的某种印象不知为何就留在了我写作时的脑海深处。

我的言下之意并不是我会刻意地想到西雅图的某个听众或者在挪威采访过我的某个人。所有这些经历有点堆积起来从而形成了某种读者混合体。这个形象难以辨别清楚,有时候还让人望而生畏,尤其因为我们所谓的全球化趋势。

刚涉足小说创作时,这个想象出来的读者和我年纪相仿,背景相似,但是随着我去的地方越多,越来越明白不同国家的人们有着相差甚远的设想,林林总总的当地文化也会随之进入到我的作品中,我觉得自己越来越清楚地意识到存在于头脑中的这个读者。

假如说这个想象出来的读者是个挪威人,这样一来,很多也许可以书写的东西立刻就化为乌有。我不能用伦敦当地人熟悉而挪威人摸不着头脑的东西;我不能用太多双关,或者仅仅因为措辞睿智,用起来恰到好处,而写上一句让我洋洋自得的话——我不能因为这些缘故而引以为豪,因为等到作品翻译成挪威语的时候,它就会黯然失色。

所以我必须实实在在地扪心自问:"这一句言之有物吗?不是仅仅在卖弄小聪明吧?它的价值在译文中仍然存在吗?"

黄:你如何看待这个想象出来的读者在你创作其他方面的作用?

石黑:从主题上看,我也许会把某个令当下英国人惶恐不安的大事当成一本小说的绝佳主题,但是再一次,这个想象出来的读者会在我的头脑中思忖——假如说(这个读者)是挪威人,当然也许是丹佛人或者别的——好吧,对这个人来说,这个问题可能无足重轻。

在我看来，一个人去的地方越多，他就越需要按轻重缓急来回应不同文化下的读者。这位想象出来的读者就会变得越来越难辨而复杂。有时候，它会让你束手束脚，寸步难行，对你求全责备。

黄：你讨论了评论界对你作品的反响，认为“克制”“含蓄”“幽静”这些形容你小说内容的字眼让你大为吃惊。知道这些评论是否会阻碍你的某些尝试，或者是否会鼓励并促使你试水其他东西？评论家的言论与你作为作家的举动是否有直接的关联？

石黑：我不知道是否必然有直接联系，但是我无法脱身于评论家的言论。我的意思是，我通常会看许许多多的评论。我从不在意任何个人的评论。但是，从某种意义上来说，能在国际上出版的好处就在于，浸淫于不同文化背景和不同文学文化下的各色评论都尽在你的掌握之中。那么，当人们似乎达成了一种共识，我就不能假装这毫不重要。不管我怎么理解，在一定程度上，这真实表明了人们对我作品的反应。

不是只有伦敦文学界独有的怪异曲解之风这么理解，而是身在德国或美国中西部或日本的读者通通众口一词。这就能相当有效地断定，在任何时间段内，在广泛的人群范围中，我的创作反响如何。

但是我无法将那样的评论与我或许从书展上遇见的普通读者那获得的反馈割裂开来。这种公众反馈都会左右我，因为我确实认为当今的写作是一种交流过程。部分是因为这个行当要四处奔波，直面读者，我对于这样一个交流过程非常敏感。事情并非仅仅是我碰巧写了这个东西，然后其他人碰巧读到了。事实上，我努力去衡量的是人们如何接受我所做的事，他们理解什么，不理解什么，哪些地方他们觉得过犹不及，哪些让他们忍俊不禁，又有哪些让他们无动于衷。

我认为这些东西十分重要，因为从某种意义上来说，这是我了解其他人的方式，了解在作品的反馈上他们与我有多少相似或不同之处。

黄：这样的思维碰撞与你而言有多重要？

石黑：之前我说过——当时你问我小说家追求的真相是什么——我想到的是疑问："难道你对此没有同感吗？这是我的看法。"我抛给别人的正是那样的问题，所以他们的回答至关重要。

但是我并不会真的这样回应一众评论，说自己也许更应该这样写，或者那样写；我不会这样去做。

你知道，作品的概述对我来说和评价一样意味深长。他们在概述时，吸引我的是他们会如何总结小说，他们会觉得作品中哪些地方是核心内容，会如何解读某些东西，以及那一切是不是我期望强调的内容。

关于《长日将尽》，之前我会说我很抵触许多人从"日本性"来讨论我的作品，就好像是它们只有对痴迷于日本社会的人来说才有意义一样。我说的是早期作品。我创作的小说以和日本毫无关联的英国为背景——显然，那个决定也许受到了主流观点的影响，因为它们将我的作品看作是对日本社会的历史或者社会观念的阐释。

黄：这些累积下来的反馈促使你审视了作为作家的发展历程？

石黑：《长日将尽》证明，我回应的不是一两位对我应该如何写作指指点点的批评家。恰恰相反，总体而言我是有所不满的，因为人们在我早期的日本小说中过度搜寻信息，就好像我能和人类学家，或者记录日本文化的纪实作家那样，揭示出耐人寻味的信息。

我觉得，可能我想表达的关于人类和人生更共性的东西变得越来越晦涩模糊。他们没有附和说"哦，是的，我就是这么想的"，而是说"这些日本人的想法真有意思啊"。

以日本为背景（在早期小说中）在一定程度上限制了人们的评价，有点会让读者误解我的写作初衷。所以，那个例子说明作品的整体解读方式会左右我的决定。

黄：在你的第五部小说《我辈孤雏》中，读者们不应该心存期待，认为他们会找到不曾在历史书中读到的三十年代旧上海的某种史实，是吧？

石黑：我认为是这样，他们找不到的。我所做的就是研读能找到的资料。有一两本书是我从珍本书店中淘来的，写于那个年代（三十年代），但是据我所知，书中没有说到不为人知的内容。里面提到了鸦片战争——这点人尽皆知——任何一本关于旧上海的书都会说到那些东西。

人们对上海津津乐道。也许我可以推荐这方面的许多好书，它们由训练有素的作者撰写，这些人追求的是研究艺术的精益求精，通过史料得出结论。

我把上海用作某种隐喻的场景。我是个靠不住的人；要是想了解历史细节，我是不会信任我这样的作家的。（笑）

黄：你能谈一谈《我辈孤雏》中的主旨或者母题的重要意义吗？诸如像"孤儿"，还有《长日将尽》联想到的"伟大"等主旨或主题。

石黑：关于孤儿的问题，这并不仅仅是字面上的孤儿。当然，这部作品里，这些角色的确都是孤儿——他们的父母要么去世，要么失踪。这儿的孤儿状态有隐喻的意味。我希望在此处探讨的是所有人都不得不走出童年保护的肥皂泡，置身其中时我们对外界的凶险一无所知。

随着年纪渐长，我们走入更广阔的天地，懂得了命运多舛。有时候，这一过程温和而舒缓；有时候，对有些人来说，则如晴天霹雳、急风骤雨。主人公克里斯托弗·班克斯生活在相对而言受到庇护的金钟罩里，活在受保护的童年里，他以孩子的眼光看待世界，他认为自己有了天大的麻烦，但其实不过是些小孩子们不要闯祸之类的小问题而已。

突然，他被扔进了成人的世界。问题变成了：当我们走入更险恶的世界，我们是否带着怀旧之情，带着曾几何时我们相信世界是个美好所在的回忆？也许，我们被大人们误导了，也许准确地说，我们被保护着免受这些厄运的侵袭。

之后我们走入了大千世界，发现这里有着污秽之事和棘手难题。有时，也许我们仍然残留着孩提时代的天真想法，并且有着想要重塑世界、拯救世界，想要让世界复原成孩提时代模样的冲动。

所以,最新的这部作品主要讲的就是一个猝不及防失去了童年天堂乐园的人。随着他的长大,也许是无意之间,他一直持有的人生宏伟目标就是要修复曾经的错误,这样他才可以从哪里跌倒从哪里爬起。

我所说的"孤儿",指的是最广义上离开了我所说的保护我们的童年世界。

黄:"怀旧之情"如何植根于克里斯托弗对过去的历史意识?

石黑:最深层意义上的怀旧主题——我说的并不是全球旅游产业有时会兜售的那种怀旧,也不是无害的前工业时代才会有的某种美好而悠闲的过去。我说的是更为纯粹的个人对童年生活的怀旧之情。

有时,我认为那种怀旧可以是支非常正面的力量,也可以具有强大的破坏力,因为就像是理想主义之于才智,那种怀旧之情对情感也有同样的作用。你饱含深情地记起一个时代,那时认为世界是个美好的所在。

当然,有时候这种情绪会将你引向毁灭的举动,但是它也可以让你想将一切变得更好。

黄:帝国主义主题似乎在你的小说中至关重要。人类对历史事件的否认,犯下的罪责或者承担的责任总会以某种形式出现在你的小说中。这部小说呢?

石黑:帝国主义能说的都说完了,我没有什么高见。这本书中对于那些主题都有涉及,但是关于帝国主义没什么惊人发现。

这本书涉及的帝国主义稍有不同,因为它并不是真正的帝国主义。我们讨论的并不是比如说印度的情形(处在大致相同的时期),英国在那执掌大权,而印度是它的殖民地。我们讨论的是非官方的帝国主义,从根本上说上海仍是中国的城市,外国人只是赢得了所谓的"治外法权",意思是他们不受中国法律的限制。

所有这些外国工业家蜂拥而至,并且定下规矩他们不受中国法律的制约,这对于中国人而言是奇耻大辱。但是那就是当时的军事形势。

所以事实上，这里的背景不一样：敌对势力——英国人、日本人、美国人，全都虎视眈眈，想要从经济上和工业上占据主导，剥削中国，但是并没有帝国主义概念上殖民别的国家时所谓的那种责任。

即使英国统治者也许有自欺欺人的成分（就印度而言），他们当时的确有要给当地人灌输英式生活方式和英国制度的宏伟想法。这个过程很复杂，并不是简单的剥削。我认为在上海的那些人不觉得自己肩负这样的责任。在很多方面，你可以说他们享受到了殖民的许多益处，却无需承担任何责任。但是当时并没有任何势力在上海掌权。称其为帝国状态是不严谨的，因为情况并非如此。

黄：你怎么看克里斯托弗透露出的对父母失踪的理解？我们是否应该解读为有关斗争的寓言？

石黑：我不知道——我的意思是，从一定程度上来说，小说是仿拟的形式；设定了这些谜团，一定程度上而言，我觉得要想符合这种叙事风格，你得给出答案，所以在那层意义上谜团得以解开。有时候，谜团是在更深层次上得到化解的。我不知道这样的揭露是否意在表达宏大的内容；在一定程度上它们就是用来推动情节发展的。

也许克里斯托弗的发现——这个原以为是在和邪恶斗争的人，到头来却发现自己从邪恶中获益——有其深意。

这并非恶棍或江洋大盗身上会表露出的某种邪恶——我是说，你无法对邪恶追本溯源。它无处不在，那些初衷良好的人有时到头来就会助纣为虐。那时，他就是个天真无邪的孩童，结果毫不知情地从邪恶中获益。

在小说的开始，他的想法非常简单，就是作为一名侦探如何与邪恶斗争：你揭露真凶，把邪恶的精灵放回瓶子里。最后，他发现邪恶天生就有着盘根错节的复杂关系，你很难出淤泥而不染或者独善其身。

黄：有一次我参加会议，会上对你作品的一项批评就是你对女性的呈现很有限。然而,有人指出你的小说处女作就是以第一人称的女性口吻来写的。那么这部新作中的女性人物呢?詹妮弗、莎拉还有母亲都在克里斯托弗的探寻中扮演着重要的角色。

石黑:呃,我不知道。写小说的时候,我对于什么角色是男性、什么角色是女性并不十分在意。当然,从一定程度上来说,我是意识到的,但是你不一定会在写作时把特点分派给不同的群体、不同的种族、不同的性别。你创设的人物相互作用,那就是最终呈现出的模样。

对我来说,把《远山淡影》中的佐知子和这本新书中的詹妮弗相提并论有点困难。当然,她们都是女性,但是她们扮演的角色相去甚远,她们截然不同。除了都是女性外,我不知道……

黄:呃,她们共同的作用在于可以让主人公借用他(她)的焦虑。换句话说,悦子挪用了佐知子的故事;克里斯托弗对詹妮弗亦如此——她是个孤儿,他和她的关联在于他希望自己也被视作孤儿。

石黑:对,那样说很合理。如果说只要是出现在我的小说中的女性角色,她们就起到类似的或者相应的作用——我不知道这种说法是否一定正确。在某种意义上,要把这些人物一个一个来看。

《长日将尽》中的肯顿小姐扮演的是一种角色。她成了史蒂文斯或许爱慕的对象。但是在他人生的暮年,她成了他错失的情感生活的象征。在小说别的地方,她象征着他人生中的其他东西。小说的开头,她是那个试图让他明白他父亲真实境况的人,而他自己却不愿意承认。

克里斯托弗和莎拉的关系表面上看起来也许和史蒂文斯与肯顿小姐的关系类似。但是我认为在某种意义上来说,又大不相同。他们更像是认识到彼此是肩负了同一种人生重担的人,他们对于如何应对相互交流意见。

在某种程度上,莎拉的观点是你不能一直回看过去,总要去治愈或者修复过去根本无法被修复的东西。人们在生活中要继续向前。

我猜克里斯托弗——并不是出于理智而是盲目地,你知道的——选择了另一种观点，他认为，不对不对，只有当你厘清了过去的包袱你才能继续向前。只有当一切收拾妥当才有空间容得下别的事、别的人。所以(莎拉)成了他比对的对象，被他看作是和自己身处相似境地的人。

黄：和你之前的作品相较而言，这部小说的细节更生动形象。我尤其想到了爆炸场景，当时克里斯托弗偶遇小女孩，她的哥哥躺在地上死了，他的肠子“有如装饰在风筝后面的长尾巴”。

石黑：我认为之前我没有机会描写战争场景——你知道的，那种大屠杀的场面。这里就需要写。

没错，其他作品一直处在爆炸或者战争的阴影之下，但是这是我认为唯一需要让人物经历那种恐怖的地方。我想方设法把它描述得具体点。

黄：有一幕，克里斯托弗拿出他的放大镜端详死去的母亲——这似乎是惊吓后的反应——但是同样令人惊恐的是秋良这个时候一直在咯咯傻笑……

石黑：关于“克里斯托弗是否受到惊吓”的问题——我不确定他是处于惊吓，还是因为他太封闭于自我世界以至于沉浸在自己的过去之中。我想也许他需要一点时间才能摆脱他是个拿着放大镜调查真相、尽力与邪恶搏斗的侦探的想法。

放大镜的问题是我开始创作这部小说之前就想到的形象之一。我想从这个几乎漫画式的主人公形象入手，并且这个形象也在他的脑海中：他的自我认识就是侦探小说里会有的那些侦探形象。

有了这个放大镜，他就能调查上流社会的犯罪案件。到最后，他就能在战场上同样如此，找出幕后真凶。那是我在小说中搭建起的核心概念之一。

对于何为邪恶，他的看法粗浅简单，认为它藏于某处，你要做的就是像侦探小说那样让它大白于天下。我采用了那一观点，把这个侦探扔入二十世纪的惊涛骇浪之中——比如二战的初期——看看他会如何行事，看看这样做是否能解决问题。

没错,小说应该是一种黑色幽默,还略带感伤。小说中他要解决这个惊天谋杀谜团——谁杀了这个人?——当然,在他身边还有几百具被炸飞的尸体。他觉得自己会找出时间处理那些案子的。

黄:我认为黑色幽默与伤感之情相互作用,令人感动。《我辈孤雏》中,我看到了你每一部小说的影子。你从喜剧快速切换到悲剧,在虚构的历史场景中设置了复杂又让人备感同情的角色。你认为你笔下的人物越来越复杂是否和你作为作家的自身发展有关?

石黑:我真的没有想过专门满足我身为作家的需求。我设法让我的作品应对的是我作为人的需求。《无可慰藉》出版后,我经常被问到的是为什么写的东西与之前相去甚远。我唯一能想到的回答就是这么多年来我改变良多。

《长日将尽》这样的作品,其创作基于的假设与我开始写作生涯时的假设一模一样,它就是对《远山淡影》改写的再改写。所以前三部作品出自二十五六岁作家的感受力。

后来,我发现到了四十岁,自己成了完全不同的人,对于人生有着截然不同的认识。

黄:改变是个缓慢的过程,但是你的人生中有什么事专门引发了剧变吗?

石黑:我的写作生涯中并没有——没有那种惊天动地的大事。没有什么比我年幼时从日本移民英国更大的事了——你可以说,作为作家,成为公众人物,莫名改变了我和周围人的关系。我在这个世界的地位发生了些许变化,但我不知道这是否是缘由。我觉得更多还在于人到中年,历经沧桑,比起刚开始创作三部小说的那会,我更加明白了人生难以掌控。

那些早年的小说讲的是人们在人生中某种程度上犯了错,在人生中转错了方向。他们也许持有的观点是人生是条清晰之路，一条你可以一路走下去明白无误的路。你带着原则和价值观出发，朝着目的地前进，你按照这些价值观行事，并且非常努力地坚守着一切。当然，你会犯错，或者站错了队；挑战就在于从一开始就要有正确的价值观，并且设法不失风骨坚守到底。但随着我年纪渐长，起初的种种假设渐渐被修正。

石黑一雄

◎ 路易斯·伯奇·弗鲁姆克斯/2001 年

原载于《作家》第 114 卷，第 5 期(2001 年 5 月)。路易斯·伯奇·弗鲁姆克斯[①]授权转载。

还是个孩子时，石黑一雄梦想成为一名音乐家。最终他将自己创作的歌曲寄给了唱片公司，随后发现自己被拒之门外，身为作家的他却没有这样的经历。

从十八年前创作第一部小说《远山淡影》开始，石黑一雄的作品一直大受好评。他的作品有《浮世画家》(惠特布莱德年度最佳小说奖，1986)，《长日将尽》(布克小说奖，1989)，《无可慰藉》(1995)和《我辈孤雏》(获得布克奖提名，2000)。

"我一开始小说创作，几乎立刻大获成功，"石黑一雄如是说道，"最早的几篇故事很快刊登在文学杂志上。我的出版商事实上对我大为支持，他们在我没有完成小说前就给了我合同。人生中有很多事像那样发生。"

这位 1954 年出生于日本长崎的作家 1960 年和父母一起来到英国。这家人一心打算有朝一日重返日本，结果却在英国留了下来，石黑一雄在这长大，横跨两个世界。

"我有种感觉，自己连再见也没来得及说就离开了，另一个世界就这么消逝了……我感到自己原本可以成为截然不同的人。我也许会过上另一种生活，但是我现在过的是这样的人生。"这位作家说道，他认为自己的作品国际化。

他就读于坎特伯雷的肯特大学和诺里奇的东英吉利大学，在那里他学习了英语、哲学和创意写作。

“通过写歌,我完成了创意写作的学徒期。我写了一百多首歌。我认为从写歌到写故事并不是一个突变。我看得出来,那些初尝写作的人走过的正是我作为词曲创作者同样经历的阶段。我有过强烈的自传时期,然后作品转向华丽风,技巧娴熟,但是只顾自我表现。到了词曲创作的末期,我找到了属于自己的风格。这种创作精悍简洁,和我最早写的短篇风格类似。从一定程度上来说,那是我作为作家一直坚守的风格。”

石黑一雄的作品经常探讨的是人们如何受到过去事件或者环境的影响。《远山淡影》讲述的是战后时期的日本寡妇回忆起自己在长崎的生活。在《长日将尽》(这部作品被改编成电影,获得奥斯卡奖提名,由安东尼·霍普金斯和艾玛·汤普森主演)中,一位英式管家挣扎于阶级结构风云变幻的战后英国。《我辈孤雏》关注的是一位知名的英国侦探,为了将父母多年前失踪的谜团弄个水落石出,重返自己当年的出生地——上海。

“人类记忆的迷宫——我们调节和改变记忆的方式,用记忆去欺骗自我,救赎自我——成了石黑一雄游刃有余的领地。”一位杂志评论员这么评价。除了五部小说外,石黑一雄还创作了几个短篇。他的作品被译成二十八种语言。1995 年,他因为对文学的杰出贡献而获得大英帝国勋章。

路易斯·伯奇·弗鲁姆克斯:《我辈孤雏》的主人公克里斯托弗·班克斯是个来到上海的侦探。我听说你的父亲是日本人,但是在上海生活过。你在上海待过吗?

石黑一雄:我没有亲身体验过上海。书中融入的是我对那个年代、那座城市的联想。这是共产党执政前的上海。我从父亲那了解到这座城市。他的相册里有很多照片。让我难以相信的是,一些我确实熟悉的人,这些我一直以为长期居住在英国的人,居然曾经在上海生活过。我无法相信自己从小就认识的爷爷居然真的在那个疯狂的异国他乡生活过。那

① 路易斯·伯奇·弗鲁姆克斯是《作家》杂志的定期撰稿人,也是编委会成员之一。

是日本人入侵前的上海模样,后来共产党执政。

故事实际上发生在世纪之交至 1937 年。那是旧上海的黄金时期。在那儿有大笔大笔的钱可以赚,不同族裔的外国人聚集在一起:有英国人,也有美国人,还有法国人和日本人。中国人——共产党和国民党——正暗中较量。俄国革命的流亡者定居于此。欧洲的犹太人也在这避难。许多历史大事发生在上海,国际贸易遍地可见。

弗鲁姆克斯:在那样的框架下,你如何做到让小说符合史实?

石黑:我的初衷并不是为了写部历史小说,吸引我的是上海之谜。我觉得自己做了充分而确凿的调研,我在国内搜集了大量有关那个时期的上海的书籍,发现那个年代关于上海的东西写得十分有意思,出版发行的旅游指南能告诉我们当地的许多历史。

这些书让人感伤的一点在于作者以为他们的社会将会与世长存。他们不厌其详地告诉我们哪里可以吃到意大利面,哪里可以找到手艺高超的裁缝,哪个俱乐部可以玩得尽兴。他们说起这一切就好像这些东西一成不变。当然,在你拿起这本书的时候,你完全知道不过几年的光景一切都已销声匿迹。这当然让人感伤不已。

弗鲁姆克斯:你对上海做了这么多调研、写了这部小说后,你是否想参观一下这座城市,哪怕它已经变得面目全非了?

石黑:我只是有点好奇而已。从一定程度上来看,我实际上觉得我所想象的城市与真实的城市之间彼此竞争。调研的问题一直以来都困扰着我。写作初期,我的作品以日本为背景。那个时候,我同样怀着矛盾的心情直面实实在在的日本。对于日本、上海和英国这些地方,我有着自己的想象。

对于小说家来说,重要的是将想象中的世界真实地构建出来从而能够了解它。你要知道它的独特之处,知道它在多大程度上有别于真实世界。你要知道这个世界是否滑稽,置身其中的人们如何行事,这个世界的氛围如何。从一定程度上说,历史名城或者真实的地方有太多的信息会干扰你,这会妨碍你构建想象中的世界。

小说家做的调研和历史学家或者游记作家所做的调研相去甚远。小说创作者所要做的,其本质略有不同。

如果人们想要了解上海的历史。我可以给他们推荐非常有用的书。事实上,其中一本书的作者告诉我,我在小说中把上海写得惟妙惟肖。知道这一点让我心满意足,因为我不想歪曲事实,也不愿误导读者。

从根本上来说,作为小说家,我所使用的场景是为想象服务的。于我而言,就是找一个合适的地点。有了主题和故事情节后,我要把这些内容放在某个地方,这样才能精心筹划。我需要的地点可以让童年处于现代世界的喧嚣之中,处于国际问题不断的战火纷飞的年代。只要这些要素都具备,在哪都可以。

弗鲁姆克斯:你为什么把克里斯托弗·班克斯设定为侦探?你可以给他任何一种身份,他依然可以回首过去。

石黑:这么做有几个原因。其中之一是我对这种侦探小说文体背后的邪恶观很感兴趣,这一观点认为所有的坏事都是拜藏身某处、手段高明的罪犯所赐,坏事背后藏着莫里亚蒂教授一样的人物。要想打败他们就要做一名侦探,找到邪恶的根源。在我看来,一战后英国的侦探小说传统似乎有所变化,人们意识到邪恶和痛苦并不是真的那样运作。一代人经历了现代战争的创伤,意识到人生中的不幸不可能只是源自某个狡猾的恶人。总的来说,罪魁祸首是别的原因——混乱。

弗鲁姆克斯:克里斯托弗·班克斯在他的搜寻中有着卡夫卡式的体验。一切并非总是简单明了,也没有以穷凶极恶的罪犯作祟结束。

石黑:之所以没有简单明了是因为他是个侦探,因为他一开始时就那么认为。他觉得可以化解所有发生在自己身上的厄运。事实上,他希望把时钟拨回过去,治愈发生在童年时代的创伤,前提是只要他能找出"坏蛋”。

我有点不大愿意把这叫作卡夫卡式，但是当然了，小说变得离奇怪诞。到最后，他想完成的任务毫无逻辑。他的内心有一块不愿意丢掉这样的想法。他花了很长时间才明白有些东西永远都是支离破碎。没错，事情于他而言愈发蹊跷。在一定程度上，这是他的内心之旅。

弗鲁姆克斯：什么样的作品给让你有所启发？小说开头提到 1923 年，中间某处你这么写道：“我不会再见莎拉·亨明思了……”这让我想起了盖茨比。

石黑：我发现这很有意思。人们经常会以为你最爱戴的作家就是对你影响最为深远的人，可能许多作家是这样，但对我来说并不适用。反而是我读过部分作品的作家或者是偶然读到的作家常常影响着我。他们的写作中有某种东西让我着迷，欲罢不能。我热衷于通过回忆的过滤去写作，喜欢的是回忆时的氛围和思维的运转。

普鲁斯特是个很好的例子。我从未看完他的整部小说（《追忆似水年华》）。我只看了第一卷。从它的开篇，前六十页，我学到了很多如何模仿人的大脑中记忆运转的内容。我是在第一、第二部小说的创作之余读到这本书的，它对我影响深远。我明白了作为一个小说家，为了讲故事你无需每个场景都真实可信、构思精妙。事实上你可以模仿记忆在脑海中浮现的方式。你可以将某个场景的片段嵌入三十年后的场景之中。你不需要写整个情境。你可以先提到一些，之后再重新回到这些东西。

正是这样的氛围和情绪——在迷雾重重的记忆世界中搜寻你是谁，有着怎样的过去——深深吸引着我。那个例子就说明，作为作家我会在搜集资料时拜读别人的作品，然后找到可以为我所用的东西。我并不是普鲁斯特的忠实粉丝。我几乎不怎么读他的作品。但是我必须承认，他对我的影响意义重大。

弗鲁姆克斯：你有什么建议要送给年轻作家吗？

石黑:我觉得如今写作圈子里有一个倾向年轻作家们可能要有所提防。在这样的环境下,人们很容易就想着不用对自己的作品承担全责。你可能写了一点东西,然后就拿给专家团队或者老师过目,然后他们告诉你要怎么修改之类。我认为这样的做法十分危险。优秀的创作意味着找到自己的风格。你必须对自己的作品负责,这是个不争的事实。

对于大学里创意写作团队的性质你必须格外谨慎。他们能鼓舞士气,大有裨益,但是很容易你就会依赖他人。除非你动笔尝试,否则你学不会写作。

莫失莫忘：石黑一雄印象

◎ 约翰·弗雷曼/2005 年

原载于《诗人与作家》杂志(2005 年 5 月/6 月刊)。由《诗人与作家》发行商授权转载，地址：纽约市春日街 72 号，邮编 10012，网址：www. pw. org。

"噢，你搞得乱七八糟了，是吧。"石黑一雄扬起眉毛，仔细端详我那碟司康饼。现在是下午茶时间，我们正在皮卡迪利的 Richoux 餐厅，我的英式礼仪课进展并不特别顺利。我设法成功地将碎屑洒向他那边的餐桌。带着恼火的讥讽神情，石黑一雄试着再教我一遍："首先将奶油抹遍，然后把果酱倒在顶部，就像这样。"他一边说，一边调配出静物画家可以写生用的司康饼。"你就想象是把鲜血洒在新雪上。"我又试着浇了一勺，结果弄成了贝果模样。石黑一雄皱起了眉头。

很难说这种吹毛求疵的表现是否故作姿态，是否是石黑一雄为了我们的访谈所采取的开场策略。他之后告诉我，这次访谈是他接下来一年中为了推销克诺普夫出版社 4 月出版的新作《莫失莫忘》而接受的多达三百场巡回世界访谈中的第一场。

这样一来，我们很难怪罪他。石黑一雄去年 11 月已经年满五十岁，在推销劳改营，也就是作者的图书推介活动中成熟起来。他成年后的生活大部分是在创作小说(包括这本新作在内一共是六部小说)和公开谈论创作过程中度过。毫不奇怪，他在控制访谈方面变得轻车熟路。"你想把某人引向某种看法，"石黑一雄如是说道，亮出了他的手法，"但是必须要看起来自然，就像是发现所得。"

石黑一雄的表述直接适用于他的小说，这些作品都已在美国出版，其中几部还是畅销书。所有作品中以折桂布克奖的《长日将尽》(克诺普夫出版社，1989)最为知名——小说讲述的是一位压抑的管家最终意识到自己奉献一生的服务理念原来陈腐不堪的故事——他因此成了用英语创作，将欺骗演绎得最活色生香的小说家。(他的作品还被翻译成了二十八种语言。)他将小说家兼评论家詹姆斯·伍德称作的"可靠的不可靠"叙事者推向了艺术巅峰，塑造的人物将自我欺骗演绎得如此炉火纯青，以至于我们听完、看完了他们的故事后，这些人物仍然有些神秘莫测。

尽管这一才能令他饱受赞誉，石黑一雄承认太过擅长欺骗的叙述也会带来危险。"这种讲述故事的特定方式。"他如是说道，语速很快，带有无可挑剔的中产阶级口音，英国人一度称为BBC口音。他的眼神和蔼，语调清脆。"你会沉迷于场景中的某种神韵，也就是回忆的色彩。我必须小心行事，以免继续使用以前用过的手法。"

然而正是这种特质才让他的作品从一开始就大获成功，意味深长。他的小说处女作《远山淡影》(普特南出版社，1982)以一位日本寡妇的口吻回首了自己的人生和家人，她渐渐对女儿的自杀有所感悟。在第二部小说《浮世画家》里，一位日本男人一面设法为自己的女儿安排婚事，一面挣扎于早年犯下的罪行。因为两部小说都以日本为背景，所以人们常常将其视作隐秘的自传。

石黑一雄承认那样的观点有一定道理。"一定程度上，创作(《远山淡影》和《浮世画家》)是把要消失在回忆中的东西保存下来的方式。"他说道。但是他不认为作品主要来源于自己的生活，而且，人们关于他和他的写作目的所做的猜想令他深感不安。"人们不断问我是否试图要成为日本和西方的桥梁。这真的是个负担，说得连我也觉得自己像个彻头彻尾的骗子。我没资格成为这方面的专家。"

在石黑一雄近五年内接受的几十个采访中，只要大致看上几个，我们很容易就能明白为何石黑一雄会有这样的感觉。石黑一雄1954年出生于日本长崎，五岁时离开日本，最终和他的家人住在了英国南部的萨里郡。他的父亲是位海洋学家，本来是临时受雇于英国政府。然而他的项目不断受到资助，最终留在了英国。石黑一雄在萨里郡念了文法学校，接着去肯特上大学，学习了美国文学，并获得了英语和哲学的学位。

1978年毕业后，他短暂做了段时间的社工，然后重返校园，并在东英吉利大学（与艾奥瓦作家工作坊类似）拿到了创意写作的硕士学位。1981年，第一部公开发表的作品被编入《费伯文集》，其中收录了他的三个故事，有一篇就是《远山淡影》的雏形。1983年，《格兰塔》将他列入首届四十岁以下青年作家二十佳的名单之中，同时入选的还有伊恩·麦克尤恩和萨尔曼·鲁西迪。1986年，他和来自格拉斯哥的妻子完婚。1992年，他们有了女儿直美。直到1989年，石黑一雄才因为图书推介之行首次重返日本。

正如1995年他和《卫报》的玛雅·雅吉所说的那样："我和日本曾经拥有的牢固情感关系，在我情感形成的阶段被割断……我只是近来才意识到自己可能会有的另外一种生活，可能会成为的另一种人。"

这种错失感在石黑一雄的新作《莫失莫忘》中得以巧妙而委婉的表达，这也是迄今为止他的写作风格变化最大的一部。他的其他作品都以真实存在的历史为背景，从《我辈孤雏》中饱受中日战争蹂躏的旧上海（克普诺夫出版社，2000）到《长日将尽》中大英帝国的摇摇欲坠，再到《远山淡影》中二战后的满目疮痍。

然而，《莫失莫忘》跳出了历史之外，把故事植入了九十年代的另类英国。菲利普·罗斯最近一部小说《反美阴谋》就是以稍作改动的美国政治历史为基础，而《莫失莫忘》则改动了科学领域的一处重要史实。在它想像出的世界里，是基因克隆技术，而不是核技术，成为了二十世纪的主导科学。

很难形容这样的作品究竟带来了什么。尽管小说有着未来派的风格，《莫失莫忘》却没有大多数科幻小说随处可见的发明创造和高科技。我们只能推测小说所处的世界，无法亲眼目睹，因而给小说带来了不祥之感。任何"科幻"的说法都会让石黑一雄大为光火。"我在写小说时，完全没想到类型的事。我的写作方式完全不同。我是从想法入手的。"

尽管《莫失莫忘》将石黑一雄带离了他通常的风格，但这部小说围绕的主题仍然是他的其他作品都会涉足的回忆领域。随着故事的展开，石黑一雄的主人公凯西·H回忆了自己在英国乡村寄宿学校黑尔舍姆度过的童年时光。谈论起校友们的成就，凯西没有告诉读者他们成为了知名政客或者社会专家，而是他们中的大多数成为了“护理者”和“捐献者”。

读者需要点时间才能明白其中的含义，但是有一点是明白无误的：三十一岁的凯西，她的时间所剩无几，她讲故事是为了弄懂面临的小危机，看清自己提前凋零的人生。石黑一雄说这部小说的前提是“对我们所有人生活方式的隐喻”，这让人想起威廉·戈尔丁同样描绘另类世界的小说《蝇王》。“通过这种手法，我缩短了时间跨度。正常的人生在六十到八十年；这些人（《莫失莫忘》中）被人为地缩短了人生。但是说白了，他们和我们面临着同样的问题。”

石黑一雄的人物角色身为捐献者和护理者被剥夺了一切，其严重性与凯西回望年少岁月、描绘日常琐屑所透露出的浅薄形成反差，为《莫失莫忘》赋上了一层诡异的酸楚。凯西想起她的朋友们当年荷尔蒙过剩，热衷情色，为了耍酷不顾一切。他们用随身听听音乐，揣测自己的老师。他们就是典型的青少年。但是自始至终，学校都向他们隐瞒了外面的世界等待他们的到底会是什么。只有凯西和她的朋友汤米还有汤米的女朋友露丝才好奇地想知道未来的模样。《莫失莫忘》讲述了他们之间的关系如何在认识到这一切后土崩瓦解的故事。

《莫失莫忘》的构思使得石黑一雄探讨了一个黑暗的根本问题。“如果你知道这一切终将发生在你身上，那还有什么是真正重要的？”石黑一雄问道，他指的是“死亡”。“你会坚守什么？什么是你在离开人间前想要修正的？什么是你悔之不及的？什么让你备感宽慰？什么是你告别人间前必须要完成的？还有个问题是：如果你终将离开，那么所有的教育和文化，其意义何在？”石黑一雄嗓音的急迫表明这些问题也许并非仅仅是艺术上的考量，它们也是个人的思考。从人们对其作品的前期反响来看，这些似乎也是读者共同的关注。这部作品已经获得了《出版者周刊》《科克斯书评》和《图书馆杂志》的星级评论。

石黑一雄开始创作《莫失莫忘》时，小说选取的是五十年代的美国，讲述的是想要成功打入百老汇的酒吧歌手的故事。“这本书讲的是那样的世界，是那个时代的旋律，”石黑一雄说，“但是，后来一个朋友来吃晚饭，他问我最近在写什么。我不想告诉他，因为我不喜欢那么做。所以我和他说了另一个项目。我说‘也许我会写本关于克隆的书’。”一年后，石黑一雄放弃了原来的小说场景和主题，精心打磨起这本刚上市的书。

石黑一雄是否会重新考虑最初的想法仍未可知。毕竟他已经以某种方式体验了这种想法。早年他怀揣做音乐的梦想，自己写歌，录歌，寄出样带。“许多人刚开始写作的时候，都会照抄自己读过的东西，写自己经历过的事。我的词曲创作也差不多这样。”他说。石黑一雄并没有就此走上这条道路，但他的确借此消耗掉了青春期的大多烦恼。如今他仍然会弹琴来自我放松。不过他给自己的小说创作又添加了另一个创造性的发泄方式。

自从《长日将尽》由布克奖获奖者鲁丝·普罗厄·贾布瓦拉改编剧本，并被拍成电影后，石黑一雄就亲自操刀剧本创作。2003年，他的原创剧本《世界上最悲伤的音乐》被拍成电影，由伊莎贝拉·罗西里尼主演。而由拉尔夫·费因斯和瓦妮莎·雷德格瑞夫主演、根据另一部剧本《伯爵夫人》拍摄的电影，今年秋天将会在美国上映。

考虑到他对电影的兴趣（石黑一雄承认自己有家庭影院，他还规划要建造一个电影资料馆），所以未来除了筹划中的小说外，他会有更多的电影作品问世，这一切他果然不愿多谈。他很清楚现在的生活顺风顺水，但是如果当年他们全家返回了日本，人生会发生什么，这样的想法始终如影随形。现在的生活每过一天，石黑一雄就知道自己放弃的是另一种人生。这就是为何他不断写作，想象人们生活在大不相同的世界，必须各自与错失的机会和解，与过去告别的原因吧。

与石黑一雄漫谈人生和艺术

◎ 辛西娅·黄和格蕾丝·库拉米特/2006 年未发表。辛西娅·黄和格蕾丝·库拉米特授权刊载。

2006 年 10 月 13 日，石黑一雄与辛西娅·黄、格蕾丝·库拉米特在伦敦皮卡迪利的 Richoux 餐馆会面，以下是他们的谈话内容。

石黑一雄：我认为整个采访经历妙趣横生。采访环境各不相同。有时候时间充裕，人们可以斟酌每一样东西，之后还会细致加工，有时候你要面对的是广播中的访谈直播，或者是一天中的第二十二场采访……

辛西娅·黄：布莱恩·谢弗和我喜欢 1990 年唐纳德·斯威姆对你的广播现场采访，网上可以找得到访谈资料。我们还认为你最近接受的美国国家公共电台凯恩·格里格斯比·贝茨的采访信息量丰富。

石黑：这就是我觉得访谈有意思的地方，即使它有糟糕的一面。访谈可以让你了解作家在某个特定时间段中的接受程度——谈话会呈现出关于那位作家形形色色的评论。你可能还会看到受访者人性的某种层面：他们过分敏感吗？他们缺乏安全感吗？他们是否自命不凡、傲慢无礼？他们是否对自己的作品引以为豪？对我来说，这些内容要比他们实际的表述更引人入胜。他们所说的东西也许没有那么清晰或者没有那么深思熟虑。

黄：你在采访时会很刻意吗？你会戴上访谈面具吗？

石黑：这很大程度上取决于实际情况。访谈分为很多种。比方说图书推介中的任何访谈，我几乎不可能对话题有新的阐释，因为你面对的是同一系列的问题。比如一天四场访谈，你被问到的问题大同小异。在现场采访中，观众的问题也都相差无几。然后，人们带你去赴晚宴，当你正要享用美食的时候又被抛给同样的问题。我几乎不可能有精力以不同的方式对待每一场访谈，也没精力去弄明白这个人究竟想知道什么，更不可能让采访成为访谈者和受访者之间心灵的碰撞。

但是，如果单独的一场采访，而且有充裕的时间——有人远道而来——那么有时候你就能从我这听到一些不是老生常谈的东西。一次有趣的访谈会把你带入完全未知的领域。

黄：我想问问你有关布克奖的事。你最新的两部小说都入围短名单，这样的殊荣在你的写作生涯中一共有四次——当然，《长日将尽》最终蟾宫折桂。你对这个奖项怎么看？入围短名单并最终获奖意味着什么？

石黑：总体来说，我支持布克奖。它有它的缺点，但是我已经在这个圈子浸淫多年，看到了这个国家的文学小说发生的一切，而布克奖对这些变化至关重要。从本质上来说，布克奖就是个宣传噱头，但那就是它为何如此强大的原因。迄今为止，不同于其他奖项，布克奖已经在这个国家设法成功打入主流读者群。大约就是从 1980 年那个时候开始的。那时布克奖的存在已经有一段时间了，但是没有受到太多关注。

然后接管布克奖的一群人进行巧妙运作，他们把布克奖变成一种入围短名单的竞赛。他们在电视上直播。布克奖引入了竞赛元素，书店也开始赞助布克奖。他们引入了赌马行业中的庄家，为可能的获胜者开出赔率。布克奖几乎成了本国最流行的运动项目，甚至连对书不甚感兴趣的人也会好奇本年度的布克奖究竟花落谁家。这一过程使得文学小说家更易为主流文化所接纳。

黄:那样是好是坏?

石黑:有好有坏。八十年代当我还是个创意写作专业的学生时,那时的英国小说家并非你会在光鲜亮丽的杂志上看到的人。他们在小范围的精英圈子里备受尊崇——很像当今的音乐指挥家们。我说的是像艾丽斯·默多克这样的作家——或者是教过我的老师,比如,马尔科姆·布雷德伯里——还有安格斯·威尔逊、约翰·福尔斯、威廉·戈尔丁。如果我们像他们一样在这一领域有所成就,我们的作品就会藏在图书馆某个布满灰尘的角落。我们也许荣耀备至,受人敬仰,但是我们无法因此赚大钱。八十年代,一切发生了翻天覆地的变化,文学小说可以登上畅销书榜。起初,只有布克奖的短名单作家或者最后的获奖者能有此殊荣,后来它的影响似乎扩大了。

我不敢说这完全因为布克奖,因为还有许多其他因素,比如人口因素,受教育的读者群越来越大,他们不再满足于滥竽充数的通俗小说。读者们希望读到更严肃、更睿智的作品。即使他们想看惊悚小说,他们希望读到的是更烧脑的惊悚小说,而不是某些低级的东西。

黄:而且人们希望读到布克奖相关专业人士严肃评判过的作品?

石黑:如果人们有了一张六位作家的名单,他们可以读这六个人的作品或者跟从他们的指引,即使他们并不清楚文学圈子里的来龙去脉。这就改变了出版商和书店的态度。他们实际上可以投资文学小说。直到今天情况还是如此:出版社愿意押宝一本文学性极强的初出茅庐之作,虽然与流行的写作风格完全相左。他们认为:“也许它能入围布克奖长名单或者短名单。”长名单大约有三十部作品。从纯商业的角度来说,这使得我们以不同的方式看待文学小说。当我们有了这样一群愿意去欣赏作品的读者,一切就顺理成章了。大批读者希望阅读到文学小说,而布克奖对于他们来说分外重要。

黄:这一现象有什么负面影响吗?作家们为了拿布克奖而修改作品,

这也许会损害某些东西，但能让人们读书不是一直都是件好事吗？

石黑：我认为作家们不会真的为了迎合布克奖而写作。那可能是间接的结果。他们也许会想：“我希望写朱利安·巴恩斯或者 V. S. 奈保尔那样的作品。”简单来看他们也许是为了获奖而投其所好地创作。但是如果人们有志成为 V. S. 奈保尔或者朱利安·巴恩斯那样的人，其实也并非坏事。布克奖负面的作用在于，它把文学小说家们变成了一定程度上的知名人士。有些人很享受这一切，也能处理得游刃有余，但是这很难不影响写作本身。当奖项与名望无关时，想成为文学小说家的人更容易认真思考自己的工作。

对于文学品性尚未定型的年轻作家们来说，他们压力倍增，尤其在他们的处女作小有成就的时候。他们会非常在意销售额，在意出版商是否愿意继续和他们合作。他们不得不忍受摇滚歌星所忍受的一切。

黄：你觉得你是否也要忍受伴随名气而来的那些东西？

石黑：我猜我要花大把大把的时间来推销作品就已经反映了那一点。我努力不让这一切干扰我的写作。自从我有作品问世以来，图书出版和销售的这一行发生了巨大的变化。很大程度上它已经成为销售至上的行为。因为我的作品成了畅销书，不可避免地我就要满足这样的期待。

在某种意义上，我很幸运，因为商业压力到来前，我就已经成长为一名作家，因为图书行业直到八十年代中期才悄然改变。

黄：那时你的创作生涯刚刚起步？

石黑：大约在我第二、第三部小说的时候，预付稿费的方式和图书宣传的方式发生了翻天覆地的变化。巨无霸企业使得规模较小的独立出版商停滞不前。这有其积极的一面——之前有些东西做得不够专业——但这也让它变得有点像娱乐产业。我们这一代人有时间形成自我，身为作家，我们有时间发展、定型、成熟起来。但是我认为，身处这些压力之下的当今年轻作家就举步维艰了。人们寄予厚望，期待他们入榜畅销书列，入围布克奖短名单。但那难于上青天。他们从出版商和图书销售商那里获得的信息含糊不清。他们被告知:“你上一部作品从文学角度而言没有之前的作品优秀,但是却更有商业价值。”

在我的起步阶段,我有个严肃而稳重的编辑——他叫罗伯特·麦克拉姆——费伯出版社也无意于大卖我的作品。所以我这没有那些压力。

黄:我们已经聊过了来自出版商、书商和读者的期待。文学评论家们也有其他关注。批评家们注意到,你最初的三部小说可以归在同一主题或者同一写作手法下,比方说,这三位上了年纪的主人公都在回首过去的人生。作为评论家,我想知道如果把你接下来的三部小说同样归类的话是否妥当。还是你是否宁愿批评家们不要这样问,而是将每部小说当作彼此不同的独特作品来对待?

石黑:呃,那倒不会,你完全可以想怎么归类就怎么归类。我觉得每个人都可以自行归类。我自己也很喜欢把东西归类。对于电影,我总是会按照主题、导演或者类型等等来分门别类。在家里我们会举办迷你电影节。我还热衷于把书归类。拿莎士比亚的戏剧来说,《哈姆雷特》和《第十二夜》本身就同属一类,因为某种隐晦的母题将它们联系在一起。这样做很有意思。

黄:前三部小说本身就很明显归为一类。但是《无可慰藉》要棘手得多,因为人们认为这部小说更加实验性,或者说与前三部小说风格迥异。后面两本小说则转向了更能为大多数读者所欣赏的现实主义。

石黑:前三部小说,我是在改写同样的东西。我耕耘的是同一块领地,每一次都是在润色我希望言说的内容。那么你可以这么来看我的第二和第三部小说间的转变:第二部小说是对第一部小说的次要情节的拓展,但它探讨的是人们在职业生涯中蹉跎人生。小说讲述了怀揣善意、希望有所作为却误入歧途的经历,但它似乎仅限于职业生涯中。小说写至搁笔,在我看来,如果想要探讨错付的人生,你不可能只局限于职业生涯,你必须也要讨论个人生活。所以,《长日将尽》就成了《浮世画家》的改写,唯一不同的是这里的主人公在职业生涯和个人生活中都蹉跎了岁月。每次我都会这么想:“还没完全写到位。我要再来一遍,换个维度。”

黄:如果它们实际上都是同一个故事,那么你是给每一部小说配上了截然不同的人物角色。

石黑:我想读者们已经习惯了同样的故事。他们认为当故事大同小异的时候,他们就找到了主题线索。小说家们如此,电影制作人、作曲家同样如此。他们会这么想:“呃,有那么点意思了,但是再试一次吧。既然我已经做到这步了,也许我可以把这点做得更充分些。”这就是最早的三部小说的情况,也是为什么它们看起来像三部曲。你可以称为言说同样内容的三次尝试。接下来的三部作品就不是三次试图同一种言说了。

黄:是的,它们风格迥异,相去甚远。我不想强行在它们中间人为地搭起关联,但是吸引我的是你创作的变迁和你对这种变迁的看法。你在自己的创作中看到了什么样的变化或者调整?

石黑:《无可慰藉》几乎本身就是一个新纪元。这本书洋洋洒洒,我确实觉得它自成一体。我写了一些零碎的东西——算不上短篇故事——它们就是那种风格的零碎文字,都使用了梦境般的语言。

黄:书中的场景契合那样的写作风格:瑞德经历的碎片感似乎和写作的“零碎文字”有关,对吗?你最初是把它们当作小短篇来创作的?

石黑:不是,不是,这些零碎的文字并没有写进书里。那段时间创作的其他故事最后倒是写进了《无可慰藉》。真正让我感兴趣的是弄清这种梦境写作和“梦境语法”。事实上,我最近也在讨论这个问题。这一周和上一周,一些人要在国家大剧院工作室排演《无可慰藉》的舞台版,演员们在那预演。我昨天去了现场,他们想摸索出对等的戏剧规则,从而让这些东西有意义。所以我再一次思考起了梦境语法。我所说的语法指的是各种各样的东西。你如何从一个场景切换到另一个？你如何让人物从一处到另一处？

我没有采用传统的手法，比如说让一个人在旁白中给出许多信息，而是试图找出梦境中的典型发生方式，比如出于某种特殊原因，你毫无根据地就能看透某人的想法，或者你亲眼目睹了原本无法看到的东西，因为你远在三个房间之外，但是你却在头脑里看得一清二楚，或者人们进入房间或者走出房间的方式不同寻常，突然他们就出现在你的意识中。你没有察觉到他们坐在你的身旁，但是突然他们就近在咫尺。

这样的规则大多数人都耳熟能详，因为他们在梦境中会碰到。所以为了那本书我花了很多时间准备。我用了很长的时间去写。如果说前三部小说是同一领域的探险，我觉得《无可慰藉》是在另一国度的冒险。

黄：仅仅从瑞德的所作所为和涉足的地方来看，这场旅行让人筋疲力尽。如果像他这样生活一定让人身心俱疲。另外他的经历中有完全情感上的一面，更不用说还有这些梦幻般的时刻了。

石黑：仅仅从页数来看，这本书和之前三部小说放在一起的长度相当。如果我能算出投入到其中的小时数的话，可能花的时间也相当。从时间、精力、页数来看，我觉得我在那本书上花了很多时间。但是，最近，我想重新回到那片领域。

我很难将我的作品归类。我只能评价我的创作方式。从我写作的视角来看，前三部小说确实像是出自同一项目，而《无可慰藉》则是另一个项目。我不知道最新的两部小说究竟是和先前的作品有任何共通之处，还是它们自成一派。

我在《星期日泰晤士报》(伦敦)上读到一篇评论，它认为最新的三部小说构成了三部曲，它称之为“压力三部曲”——大致就是那样的说法。

黄：在点评《我辈孤雏》和《莫失莫忘》时，我在讨论中发现它们之间有相关的主题和写作策略。

我好奇的是《我辈孤雏》和你为电影《伯爵夫人》写的剧本之间是否有任何关联。看起来在地点、人物还有角色面临的迷惘上，两部作品有共通之处。

石黑：在我回答那个问题前，我想说的是，虽然这些作品按一定顺序出版，但是我的构思并不一定是同样的顺序。比如说，我是1990年开始创作《莫失莫忘》的，然后我放弃了。当我回看当时的笔记时，我觉得惊讶。那时候，这种小说被称作"学生小说"，我妻子认为它属于校园小说。但是，这无疑就是《莫失莫忘》，讲的是这样一群住在乡下的奇奇怪怪的年轻人，他们自称为学生，周围却没有大学。而且他们身处某种诡异的命运掌控下。

黄：没有克隆元素？

石黑：没有，与克隆无关。你瞧，关键是1990年那会，我没有克隆的想法。当时我想要的是与核武器和冷战思维有关的故事。他们经历了某种核体验，人生在劫难逃。作品尚在酝酿，然后这个项目就胎死腹中。接着我写了《无可慰藉》，之后再度尝试。我对《莫失莫忘》修修补补，但是接着再次放弃，因为我无法更进一步。当我写完《我辈孤雏》后，我最终创作了《莫失莫忘》。情况经常是那样，很多东西并不一定是你看到的先后顺序。

举例来说，眼下我有三个，也许是四个，可能的项目，我要决定哪一项会成为我的下一部小说。我有四个文件夹，每一个文件夹我都会不断地放入零零碎碎的文件。到了某个阶段我就必须要做出决定。

黄：那样的写作方式井然有序啊。

石黑：呃，看起来有序罢了，在我的头脑里可不是！有时候，我看的是关于美国总统的东西，有时候读到的是和盎格鲁-撒克逊社会有关的内容，所以我不大肯定我要钻研哪本书。很有可能我会在某个阶段，以某种形式把这些书都写出来。这些构想有的也有先后——它们来自早前的想法——所以,如果你要假定某书脱胎于先前的书,就不那么明显了。

话说回来,《我辈孤雏》和《伯爵夫人》最大的共同点在于以上海为背景,但是除此之外没有多少东西能把二者联系在一起。《伯爵夫人》故事的演变轨迹全然不同,它来自我和(导演)詹姆斯·伊沃里的谈话。从1992年他们(伊沃里和伊斯梅尔·莫谦特)拍摄电影《长日将尽》时起他就有这些电影构思了。我们讨论下来,我可以写个电影剧本,吉姆[1]不断给我提供各种各样的想法。我们开始试着改编谷崎润一郎的小说,但是很快就无果而终。后来他想拍一部关于他朋友的电影——撇开在他好友不知情的情况下拍摄有关他的电影是否道德不谈——因为吉姆觉得他的人生在很多方面趣味无穷。那个想法出师不利,但是有些元素保留了下来,形成了第三个主意。

一天晚上,我带着妻子和他们共进晚餐,我说:"我们把一切推倒,来做一部有关三十年代上海的电影吧。"我这么提议是因为我已经为《我辈孤雏》查阅了有关三十年代旧上海的很多内容。许许多多的调查结果都没用在那本书里。小说已经完工,我对俄国人和犹太人之类的主题饶有兴趣,但我在小说中完全没用到这些内容。《伯爵夫人》实际上杂糅了这些剩下来的调研内容和詹姆斯·伊沃里之前张罗的那些项目的主题脉络。这个故事的演变是个群策群力的过程。这种情况下你知道你是为某个导演而创作。我就是在为特定的导演而写,所以我写的东西如果他用不上就毫无意义。

主人公是盲人这一点是影片角色已定、准备开拍后,吉姆很晚才加进来的想法。电影到了最后一刻仍然会发生许多变化。到了剪辑加工阶段一切会再次改变。对于在《我辈孤雏》和《伯爵夫人》之间找相似之处,你要谨慎。

黄:这么说来,两部作品关联甚弱。

---

① 吉姆是詹姆斯的昵称。——译注

石黑:是这样。要我说,关联就在于故事背景。这是两个项目重合的地方。盲人的事完全是因为吉姆和知名作家韦德·梅塔共进了午餐。他是个住在纽约的印度人,双目失明,著作颇丰。吉姆和他很熟。他和他吃了午饭,然后给我打电话说:“我们要不让主人公是个盲人吧。”

我是他的主要支持者,拉尔夫·费因斯(主角之一)对此也很有兴趣。但是那样的事情对于制片方来说绝对是个让人头大的难题,因为你要更改每个场景。从一开始这个过程就需要各方通力合作。我在剪辑室里一直帮着剪辑加工。

黄:《世界上最悲伤的音乐》这部电影呢?这和你的任何一部小说都没有多少关系。

石黑:剧本创作始于 1987 年。第一稿原本是 4 频道一部电视连续剧的第三部分——创作于第一、第二部小说之余——这就是《世界上最悲伤的音乐》的来历。前两部分反响不错,但是第三部分对于电视剧来说太过宏大。这部分的剧本周转于多家电影公司之间,悬而未决了一段日子。然后,最终到了加拿大的盖伊·马丁手中。

他住在温尼伯,拿到剧本纯属偶然。剧本让他眼前一亮,然后他彻底改写了剧本。他之前从未见过我。没有人把剧本正式交给他,但他非常想拍手头上的这部电影。他远道而来,给我看了六十页的详细脚本。他很有魅力,特立独行,是我见过的最有趣的人。看了他之前的作品后,我完全被镇住了。我从未见过他这样的电影制作人。那时候,他是前卫电影制作领域的大神。他在那个领域相当出名。但是,他从未拍过你所谓的主流电影,《世界上最悲伤的音乐》将会是他的第一次尝试。

影片请了知名影星,有一条你看得懂的故事主线。但本质上还是盖伊风格的电影。我的任务成了剧本审校,但我保留了不同国家争夺(制作)最悲伤音乐的核心故事。但是所有其他内容——像人物啊,伊莎贝拉·罗西里尼的玻璃假腿啊——这些都是盖伊的主意。

黄:你将来还要继续写剧本吗?

石黑:如果确实能有做出好电影的想法的话。

黄:我想和你探讨第六部小说《莫失莫忘》,朱迪·布里奇沃特的同名歌曲,真的是小说的来源吗?

石黑:假的。写完《我辈孤雏》之后,我在思考创作一部有关前摇滚时代音乐家的小说,那个年代的一首歌《莫失莫忘》很契合我的书。我喜欢那样的字眼,让人想起我钟情的那个世界所处的那个年代。但是,后来我转移了注意力,继续创作这么多年来一直在写的学生小说。这个来自其他项目的标题感觉挺适合这本书的,这本学生小说。这次我找到了方法,可以推进这个几近夭折的项目。

黄:突然灵光一现吗?是克隆吗?

石黑:是的,正是这个决定性的内容让故事起死回生。大约是在2001年的时候,有很多关于克隆啊,干细胞啊,还有克隆羊多利的讨论。各种说法甚嚣尘上。我记得有天早上在广播中听到关于克隆的辩论,我想:"如果我忘掉核武器让学生们在劫难逃的想法,如果我试着走这条道,如果我把这些人视作克隆人,这会给他们带来什么?"我可以为他们创设一个情境。我可以看出这其中的隐喻。我要寻找的情境可以讨论整个衰老过程,但是有了这样古怪的想法,我们就要以全新的方式看待这个问题。

黄:通过让这些还算年轻的人展望他们的死亡,你触及了衰老的话题,但是也可以把他们的问题看作病入膏肓的病人同样会面临的,就是知道自己将不久于人世的无助感。小说中,这些人物在第一次捐献后并无大恙,甚至是第二次,但是死亡仍在并不遥远的未来。那让实验对象很难面对。当然,人在衰老过程中,身体会经受另一种弱化,所以这本书隐喻的是人们如何看待人生所剩无几,意味深长。

石黑:当然小说并非从字面上讨论衰老过程。它说的并不是老年,因为这些人物仍然风华正茂。它探讨的是某些方面——比如说心理方面——在你告别童年，直面成年，然后直面死亡时会发生什么。

黄：就像是童年时代、少年时代和成年时代的死亡？那么，它并非肉体的死亡，而是那些阶段隐喻的死亡？

石黑：好吧，我猜你可以那么来看，但是我不太会把这些阶段视作死亡。在小说中，我没有感觉到他们从一个阶段到另一个阶段有过惊天哀恸。死亡是他们的宿命，但是通过创设情境，让一群人只有三十来年的人生——与之相对的是幸运的人活得长点——我想我可以探讨面临死亡的一些问题。我并不希望他们忧心于如何逃脱。我希望他们所关心的和所有人相差无几。当我们身处于此，什么对我们来说分外重要？我们如何将爱情、工作和友谊之类的东西融入如此惊人短暂的人生？

黄：尽管他们的人生时光短暂，你却没有强行让他们的境遇充满紧张感。正是他们人生境遇的平凡普通——无论是应对友谊，还是爱情，抑或是创造力——才让他们缩减的人生看起来那么让读者肝肠寸断。有几次小说人物寻求其他出路，比如露丝试图去找她可能的原型。在小说很后面的部分，凯西对露丝说她或许可以逃走，但是露丝真的会那么做吗？

正是这些普通的日常事件使故事变得如此令人忧伤。我们想知道，如果我们确切知道自己还能活多久，我们是否会做出不同的选择。但是，我们无从得知那些东西，无论我们是多大年纪，在当下的生和死或者“完结”之间的时长永未可知。他们生来就接受了他们人生的长度。

石黑：我一直想隐喻的东西非常简单——它听上去宏大——但是，就是对人类状态的隐喻，隐喻的是我们与自己并非长生不老的事实和解，隐喻的是我们在人世间时间有限。人生是场倒计时。通过创设这样的情境，对我们而言——指的是读者和作为作者的我——他们的人生看似残忍地被戛然而止，但在他们的世界中，那是再正常不过的事。我认为，通过给他们安排那样的情境，我们可以了解自己的处境，如果没有遭遇任何不测的话,我们有望活到八十岁。这些人同样如此。他们分到了这般命运,他们欣然接受。这有其残忍的一面,但他们并不这么看。

黄:我认为小说到了结尾暗示的是,小说人物懂得,你是个克隆人,你就成了捐献者,你就要与此统一战线。剩下的与你无关。书中有很长的篇幅讲的是凯西开始觉得自己不再属于这个群体,因为她曾经熟悉的人要么行将就木,要么已经离开人世。几个月后她也会去那,完成这个旅程。与此同时,有一种空虚和忧伤。

石黑:我希望她能意识到自己的行为与年龄并不相仿。她的同伴都已进入了另一个阶段,而她仍在徘徊。

黄:出于某种原因,她推迟了捐献,所以一度她脱离了自己的伙伴们。但是正因为她有了这段时间,她才能讲出他们的故事。

石黑:我想要的感觉是,她愉快地接受了其他人早已经历的命运,希望她能视作理所当然,视作自己的职责所在。我更感兴趣的是我们在多大程度上会接受自己的命运,接受我们作为人被允许过上的生活,而不是关注我们的叛逆精神,试图要逃离自己的人生。我认为这个世界绝大多数的情况就是人们接受命运给予的人生。他们尽力让人生朝好的一面发展。他们不会真的想要逃脱。他们说——程度有轻有重:"这就是我的人生,我要尽力用我的宿命做到最好。我要努力赢得尊严和价值,努力用正确的方式在与那些对我来说重要的人之间经营好关系。如果仅仅因为人的通病而犯错,也许我可以在为时未晚前改正错误。"

我想大多数人都活在那样的世界。没有什么可以完美隐喻人类的状态。这只是对人们如何生活某一方面的隐喻。我的写作策略是我们注视着一个非常怪异的世界,注视着一群非常怪异的人,我希望人们可以慢慢明白他们看到的世界并不怪异,而是每个人的故事。

黄:在你其他所有的小说中,读者都能找到非常具象的隐喻。《我辈孤雏》中有孤儿的隐喻——在父母或监护人其实表里不一时,会发生什么?《莫失莫忘》似乎是本非常直白的小说。比方说你设计的垃圾隐喻。你说的垃圾实际上指的就是废物,废品——学生们参加拍卖会,买下废旧物品。当露丝指出她所搜寻的"可能的原型"并不是她被克隆的模版,相反,他们一定都是从最低劣的人类复制而来的时候,她谈到了垃圾。到了小说的结局,凯西满心希望看到一片空旷地带,但她看到的只有废物。你所使用的非常直白的东西能从隐喻层面解读——你使用了诸如"可能的原型""梦想的未来"和"完结"这样的字眼——这些直白无误地描绘了人物所处的境况。

石黑:对,我想是这样的。你认为这部作品中的隐喻要比之前作品更加直白?

黄:这本书似乎大不相同。但是,当然了,你也在其他小说中使用了"服务""工作"和"职责"之类的表述。

石黑:呃,管家(《长日将尽》)是对政治权力的隐喻。

黄:《莫失莫忘》中,这些不折不扣的捐献者事实上并未离去。他们依然存在于他们并不认识的捐献对象体内。他们离世后,以这样一种毛骨悚然的方式继续活着。我的言下之意并不是说这本书不具有隐喻含义,但是你字斟句酌的表达让我看到了与其他作品相去甚远的独特之处。虽然,随着我们谈话的深入,我明白隐喻在这儿的解读也许没有那么截然不同。

石黑:我没有打算从"垃圾"——比如说学生们在拍卖会上——这样的词汇中引出任何宏大的隐喻。这儿没有任何明显的隐喻维度。整个故事讲的是克隆人,他们要一个个献出自己的器官,然后离开人世。他们思考的是自己为何要受教育以及人生中宝贵的是什么。那完全隐喻的是我们在真实世界的所作所为。事实上,我们面临着同样的命运。我认为《莫失莫忘》不是由小的隐喻一步步累积而来,我觉得读者无需事无巨细地留心每一处隐喻维度。

黄：物体事实上就是那些物体，它们在故事中有着具体的存在。凯西的磁带《莫失莫忘》的的确确被拿走，被人从她的收藏中偷走了。

石黑：我喜欢的隐喻无需被阐释，我喜欢的隐喻是读者刚好能感知到的。也许读者压根没意识到这是一处隐喻，但是它作用于读者的情感，使他们感觉到了与真实生活的共鸣。

许多好莱坞流行电影经常这么做：它们绕开观影者，通过诉诸人生中的点滴让电影大受欢迎。比方说，人们害怕街头犯罪，那么你就拍一部关于勇猛警探的电影，他游走于法律之外，把坏人打得落花流水。这些场景让观众们群情激昂，在一定程度上他们从隐喻的角度有所共鸣。他们会把那些场景用在自己所处的境地，无论他们看的电影是浪漫喜剧片还是讲职场受挫的故事。

我喜欢让观众从情感上感受到隐喻的共鸣。如果他们能看出隐喻并对其进行解析，这固然很好，但是如果他们做不到，无法对有关克隆人的荒诞故事有所共鸣，这也无妨。事实上，想要让所有人都能为一群克隆人感悟良多有些天方夜谭，但是如果读者确实能在情感上产生共鸣，这是因为他们在自己的状态下感同身受。我不喜欢那种人们必须要停下来、苦思冥想才能破解出的隐喻。

黄：因为有如此直白的字眼来描述《莫失莫忘》中的情境，读者事实上可以把小说看做一个直截了当的故事，即使有些怪异，他们可以在情感上被撩动心弦，也可以毫无反应。

我好奇的是童年部分。《我辈孤雏》中你关注了童年时代。在《莫失莫忘》，到了小说的结尾部分，艾米丽小姐在真相大白的时刻告诉汤米和凯西——这一幕解释并厘清了所有悬而未决的疑问——“那些年里我们庇护了你们，我们给了你们一个童年。”孩子们发现，所谓的“艺廊”根本子虚乌有，他们明白了导师们为何要为一个完全不存在的艺廊而鼓励他们的艺术创作。我们应该如何理解那一幕夺去的童年纯真?

石黑:你提到的和艾米丽小姐的那一幕告诉了我们,如果想要一段无忧无虑的童年,我们必须用上点欺骗的手腕。如果他们知道自己会以这样一种方式死去,他们还会欣然接受这种人文教育吗?他们也许会说:"意义何在?我们的这些努力为了什么?"我说的不仅仅是人文教育,还包括人与人的关系。我们还会努力成为体面的人吗?我想这是这一幕主要提出的问题。艾米丽小姐说:"在我看来,一切都是值得的,即使一切最终化为灰烬。"为了让童年继续下去,你不得不欺骗他们,让他们相信一切都是值得的。

作为父母,我们使出浑身解数来保护自己的孩子,让他们乐观而自信,努力让他们不仅仅苦心思考学业,还有与同伴和长辈们相处的情感迷宫。也许只有通过对孩子们撒些无伤大雅的小谎才能做到。

黄:我和女儿解释为什么每天我要去上班——不仅仅因为我热爱我的工作,还因为这份工作支付我们的需求和享乐。她懂得,我以那样的方式成了有用的人。然后她问我:"我能做什么?我能派什么用场?"我忽然想到这是你第六部小说中非常重要的一点,虽然书中的回答更加病态。这些学生的用处在于他们会成为器官捐献者。我发现,人对自己和对其他人有何用处,我们实事求是的回答往往令人震惊。

石黑:"我们能派什么用场?"这是你的女儿格蕾丝和书中的汤米、凯西都问到的问题。某种冷冰冰的体制告诉汤米和凯西他们的用处在于器官捐献,这和另一体制告诉格蕾丝有朝一日她会为世界经济作出贡献并无分别。那是一种解答。但是,对于汤米或凯西来说那不是他们想要的。为什么黑尔舍姆这种地方要给他们这样的童年?为什么不让他们只是身体上成长?

黄:在那样的虚构世界,最终的结局就是器官捐献。在别的学校,其他克隆人实际上只是身体上成熟为有用的器官捐献者而已,他们没有受到人文教育。

石黑:黑尔舍姆的老师们的确有着不可告人的动机。他们欺骗了学生,但是他们给了学生更好的东西,并不是为了让他们成为更优质的捐献者,而是为了成为更好的人。所有其他的东西——学会如何去爱,如何经营好友谊,还有学会如何在更高层次而不只是功能性地阅读与写作——也许这些东西宝贵至极。因为这些教育,他们的人生质量得以提高。为了劝服人们努力学习,并真正面对艰难而纷繁的过程——如何与人们交往而不介意受到伤害、心情沮丧——我们不得不接受欺骗,相信一切会有所回报。

黄:这种欺骗是必要的错觉,这样我们才会有——我的一位同事把它称作"创意企业家精神"。我们的父母或者监护人也许对孩子抱有那些愿望,但是也会有心理或者情感上的"反复"。我们懂得,如果知道这些过程会贻害无穷,这种"必要的错觉"最好还是不知为妙。露西小姐试图让学生们早点知道他们人生的性质,但是高层让她闭嘴。

石黑:我既不完全站在艾米丽小姐这边,也不完全站在露西小姐这边。如果监护人像露西小姐那样早早地泄露秘密,毫无疑问,这些孩子会痛苦得多。受到庇护的几年时光会消失殆尽,他们很可能不会像最终那样变成好人。他们有可能变得自私,终日在绝望中度过。也许他们不会对需要努力的未来全情投入。

黄:露丝把主要精力放在了拆散汤米和凯西上,这是她人生终结时所作的忏悔。她是你所暗示的性格向善的榜样吗?

石黑:小说中她并非完全正派的人物,但她是普通人。通常,我笔下的人物要比这负面得多。这三位主人公都是很好的人——连有着明显缺点的露丝亦如此。我想表达的是,当她的时间所剩无多,对她而言重要的并非物质上的占有或者被别人以特殊的方式铭记于心。到最后她本能地要行事得体。我想在小说结尾传达的是人生中真正重要的在于他们所挚爱的人,在于知道这些人是否被温柔以待。回忆,尤其是关于童年的回忆就成了宝贵的东西。自己的事业反而不是他们真正在意的。

虽然故事讲的是死亡,但我希望它是个积极的故事。通过营造出相当负面而惨淡的氛围,我想,它或许凸显出关于活着最积极和宝贵的一面。

黄:这是个非常悲伤的故事。

石黑:对我来说,这个故事相当让人振奋。我的其他小说讲的都是些铸成大错的个体,而这本小说写的是一个黯淡的虚幻世界,但是除了那条坏消息以外——我们早已知晓这条有朝一日我们都会死去的消息——这部小说真正强调的是人性积极的一面。纵然人们会因为受到嫉妒、占有欲或者怒气等人类情感的左右而犯下错误,人类却能够真诚地相互关心。最终,人们能做到行事得体。在这样凄凉阴郁的背景下,它可以被看作有点像一种颂扬。

黄:到最后,凯西应该去了归宿之处,她会想明白的。我仍在结合你的评论和我自己的阅读重新思考"振奋"一词,因为小说展现的人生观相当压抑。

石黑:小说不可避免地带有悲伤之情,因为她失去了一切,失去了所有人。但从另一方面来看,它对人性的看法并不悲观。